投资项目管理方法与实践系列丛书

项目管理案例分析

丛书主编　李桂君

编著　宋砚秋

中国建筑工业出版社

图书在版编目（CIP）数据

项目管理案例分析/宋砚秋编著. —北京：中国建筑工业出版社，2017.12
（投资项目管理方法与实践系列丛书）
ISBN 978-7-112-21423-5

Ⅰ.①项… Ⅱ.①宋… Ⅲ.①项目管理-案例 Ⅳ.①F224.5

中国版本图书馆CIP数据核字（2017）第262630号

责任编辑：赵晓菲　朱晓瑜
责任校对：焦　乐　李美娜

投资项目管理方法与实践系列丛书
项目管理案例分析
丛书主编　李桂君
编著　宋砚秋
*
中国建筑工业出版社出版、发行（北京海淀三里河路9号）
各地新华书店、建筑书店经销
北京锋尚制版有限公司制版
大厂回族自治县正兴印务有限公司印刷
*

开本：787×1092毫米　1/16　印张：14½　字数：281千字
2018年2月第一版　　2018年2月第一次印刷
定价：40.00元
ISBN 978-7-112-21423-5
（31060）

版权所有　翻印必究
如有印装质量问题，可寄本社退换
（邮政编码　100037）

前言
FOREWORD

项目是一个将被完成的、临时性的特殊任务。项目管理是以项目为对象,通过一个临时性的柔性化的专门组织,对项目进行高效率的计划、领导、协调和控制,以实现项目全过程的动态管理和项目目标的综合协调与优化,最终达到使项目的利益相关方尽量满意。

自20世纪80年代项目管理开始被应用于中国的建设项目评价和管理以来,我国项目管理水平得到快速发展,涌现出许多经典的项目及获得国际项目管理大奖的卓越项目。但随着国民经济发展增速放缓,原有粗放型项目评价及管理模式越来越不适应现代投资项目对决策的科学化、精细化要求,且项目管理的范围也从传统的工程项目向软件开发项目、技术创新项目、大型项目组合等方面扩大,这给项目管理带来了新的挑战。本书的目的正是基于对项目管理量化方法的研究与梳理,结合我国投资项目决策分析与管理的特色和需求,提供量化的、具有可操作性和可推广应用的分析方法,指导项目管理相关工作的开展。

本书在编写时注重理论在实践中的应用,重点关注项目评估、进度与计划控制、风险管理、多项目选择中的量化分析,以案例的形式较为系统地介绍了项目市场预测与战略分析、项目选址决策、项目财务分析、项目计划与控制、项目风险分析、项目投资的多方案比选及决策等方面的理论方法及量化计算过程,具有较强的知识性、系统性、实践性和可操作性。在每一个案例中都包含了案例背景、相关理论及方法、案例解析等内容,可作为本科生、研究生学习项目管理的量化分析方法的重要参考书目,也可作为从事项目投资决策、项目管理及风险控制的相关专业人士学习、应用和研究的参考书。

本书由宋砚秋总体策划、统筹、主编;郭健提供项目风险管理相关案例;赵金伟、刘旭两位研究生进行大部分案例改编和理论梳理,此外参与本书校订的有:第1章刘旭、王思柔、纳塞阳、张笑竹;第2章赵金伟、谢泽中、屈成;第3章林嘉祥、傅嘉成、刘琳晨、张宏伟、宁佳敏、罗杰、时文博、王倩、于晓、杨壮、于绍泽;第4章张亚宁、吴思佳、蔡晓航、葛瑞环;第5章武悠、张苑、龚颖、刘洋、汪梦婷、张雅寻、周慧欣、张林姿、高尚德;第6章王希、奚哲、丁文雅。

本书编写过程中参阅了大量项目管理书籍和文献,并应用了部分著作及文献资料,在此对相关文献的作者和单位深表谢意。最后还要感谢中国建筑工业出版社领导和责任编辑等工作人员为本书出版所付出的辛勤劳动。

限于编者水平及阅历,本书难免有不足和遗漏之处,恳请广大读者和专家批评指正。

宋砚秋

2017年3月于北京

目录
CONTENTS

第 1 章
项目市场预测与战略分析

案例1.1
显阳市2018年个人电脑消费需求预测 2

案例1.2
银光电器商城2017年液晶电视消费需求预测 4

案例1.3
SⅡ游戏机销售量预测 7

案例1.4
飞运商贸公司销售额预测 10

案例1.5
W市某房地产价格预测 13

案例1.6
某地区家用轿车市场分析 17

案例1.7
林特公司市场战略分析 20

第 2 章
项目选址决策

案例2.1
北奔重型汽车发动机项目选址 28

案例2.2
三兴市污水处理项目厂址选择 32

案例2.3
莉亚咖啡旗舰店店址选择 41

第3章 项目的财务分析

案例3.1 宁远铸钢厂建设项目的总投资估算 50

案例3.2 盛德汽车公司新工厂的建设期利息计算 60

案例3.3 数字手机生产车间建设项目的流动资金估算 64

案例3.4 西南石油公司建设项目的税金估算 69

案例3.5 蓝天大酒店建设项目的融资方案评估 72

案例3.6 KS汽车配件厂的固定资产折旧计算 76

案例3.7 HN集团油脂厂建设项目总成本费用估算 80

案例3.8 龙创电脑公司芯片生产项目的现金流量估算 88

案例3.9 某拟建制药项目的盈利能力评估 93

案例3.10 顺和电器公司生产项目的偿债能力评估 98

第4章 项目计划与控制

案例4.1 数据采集系统开发项目管理 108

案例4.2 德嘉工业生产建设项目管理 126

案例4.3 远方电器公司变频空调研制项目管理 138

第 5 章 项目的风险管理

案例5.1 节能电瓶生产项目盈亏平衡分析 160

案例5.2 鸿达公司制图桌灯项目的财务风险分析 163

案例5.3 海润公司新厂房建设项目风险的概率分析 170

案例5.4 经纬科技公司新厂建设项目单因素敏感性分析 175

案例5.5 DF冰淇淋项目投资方案的概率分析 182

案例5.6 龙腾科技公司微型计算机生产项目的多阶段风险决策...185

案例5.7 奥沃特公司不确定型问题决策分析..............................190

案例5.8 铝行者公司ERP项目选择..194

案例5.9 新昌铸钢厂产品试制项目的GERTS网络 198

第 6 章 项目投资的多方案比选

案例6.1 华大食品设备采购选择 204

案例6.2 SSG软件开发技术互斥方案比选 206

案例6.3 宝山钢铁股份有限公司拖轮采购选择 211

案例6.4 威廉姆斯机床公司投资方案比选 214

案例6.5
永泰集团投资方案选择 215

案例6.6
CCI通信公司投资组合选择 217

案例6.7
Luxor科技公司最优生产方案选择 220

第 1 章
项目市场预测与战略分析

案例 1.1
显阳市2018年个人电脑消费需求预测

随着科学的发展和技术的进步,全球已经进入了互联网时代,带领新兴企业发展的驱动力从原来的要素驱动和投资驱动,转向了创新驱动。互联网的强势进入算是最大的创新驱动力量,用新的模式、新的渠道、新的产品形式冲击和改造了许多传统行业,因此,电脑成为了每家每户的必需品。

显阳市在2000年受到政府的大力扶持,在随后的10年经济处于上升阶段,人均可支配收入逐年递增,该市个人电脑的消费量受人均可支配收入变化的影响较明显。另外,该市又新入驻多家互联网企业,带动了城市电商的发展,网络交流、交易等平台逐渐在该市流行开来,因此个人电脑的消费增加趋势也较为明显,原有的电脑销售商的供给已不足以满足现有的需求量。现有一家大规模电脑销售商抓住市场商机,准备于2018年在该市开设销售点,为了解未来盈利情况,商家需要预测2018年该市个人电脑消费量,现有2012~2016年该市个人电脑消费量及人均可支配年收入数据,见表1-1。

显阳市2012~2016年个人电脑消费量和人均可支配收入　　表1-1

年份	人均可支配收入(元/年)	人口(万人)	个人电脑消费量(台)
2012	25758	493	1463258
2013	29621	499	1616987
2014	32584	522	1854789
2015	35726	549	2049871
2016	38523	571	2324890

【问题】

请用需求收入弹性系数法帮助商家预测2018年该市个人电脑消费量。

假设:(1)年人口增长率为4.5%;

(2)2018年人均可支配收入较2016年增长10%;

(3)以上一年人均收入及电脑消费量为基期年。

【理论及方法介绍】

需求收入弹性系数法

需求的收入弹性是指由收入变化引起的需求变化程度。大量的经济现象表明，一定时期消费者的消费水平取决于其收入水平的高低，即收入水平是消费水平的主要决定因素，在这一假定条件下，可以应用需求的收入弹性预测某产品的需求量。

需求的收入弹性是用收入弹性系数来表示的。产品需求的收入弹性系数为需求量的相对变化与收入的相对变化之比。一般有点弹性与弧弹性之分，其计算公式为：

$$E_1 = \frac{\frac{\Delta Q}{Q}}{\frac{\Delta I}{I}} = \frac{\frac{Q_2 - Q_1}{Q_1}}{\frac{I_2 - I_1}{I_1}} = \frac{I_1(Q_2 - Q_1)}{Q_1(I_2 - I_1)}$$

式中：E_1——产品需求的收入弹性系数；

Q_1——基期年产品需求量；

Q_2——观察年产品需求量；

I_1——基期年的收入水平；

I_2——观察年的收入水平。

在这里，必须指出的是，以不同年份作为观察年与基期年（第一年或上一年）进行比较，往往会得到不同的收入弹性系数，而收入弹性应该是一个相对稳定的常数值。这就要求在求出不同观察年份对于基期年的收入弹性后，再求出它们的平均值，然后用此平均值预测对某种商品的需求量。

预测公式为：

$$Q_n = Q_1(1 + \overline{E_1} \times \Delta I)$$

式中：Q_n——预测年产品需求量；

$\overline{E_1}$——产品需求收入弹性系数的平均值；

Q_1——基期年产品需求量；

ΔI——预测年较基期年收入的增长率。

【解答】

（1）计算2012~2016年该市个人电脑收入弹性系数，见表1-2。

2013年人均可支配收入较上年增长率＝(29621−25758) / 25758＝15.00%

2012年每万人个人电脑消费量＝1463258/493＝2968台/万人

2013年每万人个人电脑消费量＝1616987/499＝3240台/万人

2013年每万人个人电脑消费增长率=(3240-2968)/2968=9.16%

2013年收入弹性系数=9.16%/15.00%=0.61

2012~2016年该市个人电脑收入弹性系数　　　　　　　　　表1-2

年份	人均可支配收入较上年增长率	每万人个人电脑消费量（台/万人）	每万人个人电脑消费增长率	收入弹性系数
2012		2968		
2013	15.00%	3240	9.16%	0.61
2014	10.00%	3553	9.66%	0.97
2015	8.26%	3734	5.09%	0.62
2016	9.20%	4072	9.05%	0.98

2018年个人电脑收入弹性系数=(0.61+0.97+0.62+0.98)/4=0.80

（2）计算2018年每万人个人电脑需求增长率

=收入弹性系数×收入增长率

=0.80×10%=8%

（3）计算2018年每万人个人电脑的需求量

=2016年每万人个人电脑消费量×需求增长率

=4072×(1+8%)=4398台/万人

（4）2018年该市人口数量

=2016年人口数量×$(1+4.5\%)^2$

=571×$(1+4.5\%)^2$=624万人

（5）2018年该市个人电脑的需求量

=2016年每万人个人电脑需求量×人口数

=4398×624=2744352台

（注：手算与excel软件计算由于公式嵌套与进位不同会导致计算结果略有出入，下同。）

案例 1.2
银光电器商城2017年液晶电视消费需求预测

银光电器商城是某城市最大的电器商城，占据该城市电器市场的巨大份额，其中液晶电视销售额占该商城销售额的比重巨大，所销售的液晶电视品牌齐全，质量高，售后服务到位，赢得了良好的口碑，在2006年之前一直保持着良好的经营状态。随着生活水平的提高和液晶电视的改良换代，该商城的电视机销售量逐年增加，但是价格却随时间逐年下降。

2016年末，商城清点发现液晶电视的库存不足千台，商城经理担心库存不能满足该市液晶电视增长的需求量，在年末的总结会议上提出了增加库存的计划，决策层进行讨论后提出为了在2017年维持良好的经营状态，银光电器商城需要预测2017年液晶电视需求量。之后该商城委托专业分析机构解决这一问题，分析机构通过调查得知该商城2011~2016年液晶电视消费量和平均销售价格如表1-3所示，分析机构想用需求价格弹性系数法预测2017年液晶电视需求量，根据近几年液晶电视价格趋势估计出2017年液晶电视平均销售价格下降到2300元/台左右。

银光电器商城2011~2016年液晶电视平均销售价格及销售量　　表1-3

年份	液晶电视价格（元/台）	液晶电视消费量（万台）
2011	4800	158
2012	4300	175
2013	3600	210
2014	3100	242
2015	2800	269
2016	2500	307

【问题】

根据估计的价格，请帮助分析机构用需求价格弹性系数法预测2017年液晶电视需求量。（采用上一年为基期年）

【理论及方法介绍】

需求价格弹性系数法

产品需求的价格弹性是指产品价格变动引起需求变动的程度，很显然，商品的价格水平如何，对于消费者愿不愿意购买该商品具有很重要的影响。对一般商品来说，价格越高，对其需求就越少；价格越低，对其需求就越大，所以一般来说价格弹性均为负数，需求的价格弹性用价格弹性系数表示，它是需求变动百分比与价格变动百分比的比率，其计算公式为：

$$E_2 = \frac{\frac{\Delta Q}{Q}}{\frac{\Delta P}{P}} = \frac{\frac{Q_2 - Q_1}{Q_1}}{\frac{P_2 - P_1}{P_1}} = \frac{P_1(Q_2 - Q_1)}{Q_1(P_2 - P_1)}$$

式中：E_2——价格弹性系数；

P_1——原价格水平；

P_2——变动以后价格水平；

Q_1——原价格水平下的需求；

Q_2——价格变动后的需求；

在这里，必须指出的是，以不同年份作为观察年与基期年（第一年或上一年）进行比较，往往会得到不同的价格弹性系数，而收入弹性应该是一个相对稳定的常数值。这就要求在求出不同观察年份对于基期年的价格弹性后，再求出它们的平均值，然后用此平均值预测对某种商品的需求量。

预测公式为：

$$Q_n = Q_1(1 + \overline{E_2} \times \Delta P)$$

式中：Q_n——预测年产品需求量；

$\overline{E_2}$——产品需求的价格弹性系数的平均值；

Q_1——基期年产品需求量；

ΔP——预测年较基期年价格的下降率。

【解答】

（1）计算各年的液晶电视价格弹性系数（表1-4）

2012年液晶电视价格增长率=(4300-4800)/4800=-10.42%

2012年液晶电视消费量增长率=(175-158)/158=10.76%

2012年价格弹性系数=10.76%/(-10.42%)=-1.03

各年的液晶电视价格弹性系数　　　　　表1-4

年份	液晶电视价格（元/台）	价格较上年增长（%）	消费量（万台）	消费量较上年增长（%）	价格弹性系数
2011	4800		158		
2012	4300	-10.42%	175	10.76%	-1.03
2013	3600	-16.28%	210	20.00%	-1.23
2014	3100	-13.89%	242	15.24%	-1.10

续表

年份	液晶电视价格（元/台）	价格较上年增长（%）	消费量（万台）	消费量较上年增长（%）	价格弹性系数
2015	2800	-9.68%	269	11.16%	-1.15
2016	2500	-10.71%	307	14.13%	-1.32

由上表可知，2011~2016年价格弹性系数的平均值为：-1.17，作为2017年的价格弹性。

（2）计算2017年液晶电视需求增长率

2017年液晶电视需求增长率＝价格弹性系数×液晶电视价格下降率

＝-1.17×(2300-2500)/2500＝9.36%

（3）计算2017年液晶电视需求量

2017年液晶电视需求量＝2016年液晶电视消费量×(1+2017年液晶电视需求增长率)

＝307×(1+9.36%)＝336万台

案例 1.3
SⅡ游戏机销售量预测

最近一款的游戏机受到了游戏爱好者的关注，这款游戏机一经推向市场便出现供不应求的现象。SⅡ在推出一年多来，以时尚运动的概念、超强的"真实触感"操作，让电子游戏机可以与健康运动挂上钩。SⅡ的名称源于英文的"share（共享）"，意味着人与游戏、人与人之间将产生更多的互动。在SⅡ的所有部件中，最与众不同的是它的两个无线感应控制器。与传统的游戏手柄不同，这两个控制器连在一起的时候好似"双节棍"，正是它们内部的动作感应装置，才大幅革新了游戏的操作。因为SⅡ拥有全新的挥动、倾斜与指向的游戏操控方式，玩家不必再乏味地按键到手指酸痛，可以启动四肢，伸展全身，用真实的动作来控制游戏中的人物动作，边运动边游戏。不久SⅡ占据了中国游戏机市场，最先引入H市，很快受到该市青少年的青睐，在试销售的前两个月就取得了不错的销售量，该游戏机1月、2月1~4周及3月第1周销售量见表1-5，销售商为了解未来经营趋势，试图预测3月的销售量。

S Ⅱ 游戏机专卖店销售量　　　　　　　　　表1-5

时间		序号	销售量（千台）	移动平均预测（千台）
1月	第1周	J_1	55	—
	第2周	J_2	40	—
	第3周	J_3	36	—
	第4周	J_4	50	44
2月	第1周	F_1	75	42
	第2周	F_2	82	54
	第3周	F_3	90	69
	第4周	F_4	70	82
3月	第1周	M_1	54	81

【问题】

请用简单移动平均法预测该游戏机3月的销售量（取$n=3$），并将结果填入表1-6。

某游戏机专卖店各销售量及预测　　　　　　　表1-6

时间	序号	销售量（千台）X	移动平均预测Q
第1周	J_1	55	
第2周	J_2	40	
第3周	J_3	36	
第4周	J_4	50	44
第1周	F_1	75	42
第2周	F_2	82	54
第3周	F_3	90	69
第4周	F_4	70	82
第1周	M_1	54	81
第2周	M_2		
第3周	M_3		
第4周	M_4		

【理论及方法介绍】

简单移动平均法

简单移动平均法是在产品的需求趋势发展平衡的情况下,将观察期的数据自远而近,按一定跨越期向前移动,逐一求得各观察期的平均值,并以最后一个移动平均值为依据确定预测期的预测值。在求得某一期的预测数后,可将其视为实际数,依次向后移动一期,继续预测下一期的预测值,预测公式为:

$$y = \frac{\sum_{i=1}^{n} y_i}{n}$$

式中:$\sum_{i=1}^{n} y_i$——第1~n期资料实际数之和;

n——期数;

y——预测值。

【解答】

计算结果见表1-7。

某游戏机专卖店各销售量及预测　　　　表1-7

时间	序号	销售量(千台)X	移动平均预测Q
第1周	J_1	55	
第2周	J_2	40	
第3周	J_3	36	
第4周	J_4	50	44
第1周	F_1	75	42
第2周	F_2	82	54
第3周	F_3	90	69
第4周	F_4	70	82
第1周	M_1	54	81
第2周	M_2		71.3
第3周	M_3		65
第4周	M_4		63.4

采用简单移动平均法，$n=3$：

3月第2周销售量：$QM_2=(XF_3+XF_4+XM_1)/3=(90+70+54)/3=71.3$千台

3月第3周销售量：$QM_3=(XF_4+XM_1+QM_2)/3=(70+54+71.3)/3=65$千台

3月第4周销售量：$QM_4=(XM_1+QM_2+QM_3)/3=(54+71.3+65)/3=63.4$千台

因此，3月的总销售量$=54+71.3+65+63.4=253.7≈254$千台

案例 1.4
飞运商贸公司销售额预测

飞运商贸公司主要经营体育用品，该企业在2014年之前一直销售国外品牌的乒乓球拍，如"蝴蝶"、"达克"等，但销量并不是很可观，没有带来良好的利润。通过走访调查其他体育用品商店发现，某市国产乒乓球拍品牌比国外品牌卖得好，因此飞运商贸公司在2014年底引进国产"红双喜"乒乓球拍，从2015年1月开始销售，与之前的销售额进行比较进而确定哪个牌子更盈利。在新品牌乒乓球拍的试卖阶段，经营状况较之前表现出很大改观，2015年的1~8月"红双喜"球拍被作为常备品牌进行销售。

2015年8月底，该企业开展第三季度经营总结会议，会上总经理希望了解全年"红双喜"乒乓球拍销售额，以便于与其他品牌及过去的年销售额进行比较，一位企业员工建议他使用加权移动平均法预测第4季度销售额，进而预测2015年全部销售额，另一位员工则认为加权移动平均法不能够准确地预测出四季度销售额，存在很大误差，应该用一次指数平滑预测法将9、10、11、12月各月份销售额进行逐一预测，再加和计算第4季度销售额，总经理决定分别用两种方法尝试计算，1~8月"红双喜"乒乓球拍的销售额如表1-8所示。

"红双喜"球拍销售情况统计　　表1-8

时间	1月	2月	3月	4月	5月	6月	7月	8月
销售额（万元）	4.55	2.96	3.43	3.92	2.68	3.25	3.98	4.26

【问题】

（1）请运用加权移动平均法预测2015年第4季度销售额（$n=3$，权重分别为0.2、

0.3、0.5)(按月预测);

(2)假定 $\alpha = 0.3$,请建立一次指数平滑预测模型,并预测9月的销售额。

【理论及方法介绍】

1. 加权移动平均法

不同时期的数据对预测结果的作用是不同的,一般来说,距预测期较近的数据对预测结果影响大,反之则小。加权移动平均法就是利用移动平均法原理,考虑不同时期数据对预测结果的影响程度(给予加权)的预测方法,计算公式为:

$$y = \frac{\sum_{i=1}^{n} f_i \cdot y_i}{\sum f_i}$$

式中:y——预测值;

y_i——第i期实际值;

f_i——第i期权数;

n——期数。

当产品需求既不快速增长也不快速下降,且不存在季节性因素时,加权移动平均法能有效消除预测中的随机波动,是非常有用的,且方法简单,核算工作量小;但如果有一组数据有明显的季节性影响时,用加权移动平均法所得到的预测值可能会出现偏差。

2. 一次指数平滑法

指数平滑法,就是将实际的统计资料分成近期和远期,各期分别取不同的权数加以平均后进行预测的一种方法,通过不同系数求出其在预测数中所占权重,基本方法就是通过数据的平滑,求出平滑系数,然后利用平滑模型进行预测,一次指数平滑法是指最后一个第一次指数平滑,计算公式为:

$$S_t^{(1)} = \alpha x_1 + \alpha(1-\alpha)x_{t-1} + \alpha(1-\alpha)^2 x_{t-2} + \cdots$$

式中:$S_t^{(1)}$——第t期一次指数平滑值(预测值);

x——实际数据;

α——指数平滑系数;

如果已知上期实际数据和预测数(平滑值),公式可简化为:

$$S_t^{(1)} = \alpha x_t + (1-\alpha)S_{t-1}^{(1)}$$

在指数平滑法中,α实际上是新旧数据权重的一个分配比例,α值大小直接影响到预测结果,它是一个经验数值,在0~1之间取值。从公式可以看出,α值越大,对趋势预测值影响越大；反之就越小，α值的选取可参照下列原则处理：

当历史数据上下波动，基本趋势呈水平时，α应取小值（0.05~0.10）；

当历史数据近期有缓慢的发展趋势，α应取较小值（0.1~0.5）；

当历史数据近期有明显的变动倾向，α应取较大值（0.3~0.5）。

要准确地确定α值，最好将按以上原则确定的α值进行试算直到找出适合历史数据的α值为止。

用指数平滑法进行预测时，还必须先确定一个初始值。初始值实际上是$t=0$以前所有历史数据的加权平均值。当实际数据比较多时，初始值对预测结果的影响不会太大，可用第一个数据作为初始值。如果实际数据较少时（如15个以内），初始值的影响就比较大，一般取前几个（3~5个）数值的平均值作为初始值。按以上公式计算出来的第t期指数平滑值，即可作为预测下一期的值，继续预测下一期的平滑值。

对于市场预测来说，一次指数平滑法可以根据中长期趋势变动和季节性变动情况的不同而取不同的α值，且不需要保留较多的历史数据，但是α值受主观因素影响较大，具有一定的难度。

【解答】

（1）9月销售量：$QM_9 = XM_8 \times 0.5 + XM_7 \times 0.3 + XM_6 \times 0.2 = 4.26 \times 0.5 + 3.98 \times 0.3 + 3.25 \times 0.2 = 2.13 + 1.194 + 0.65 = 3.974$万元

10月销售量：$QM_{10} = QM_9 \times 0.5 + XM_8 \times 0.3 + XM_7 \times 0.2 = 3.974 \times 0.5 + 4.26 \times 0.3 + 3.98 \times 0.2 = 1.987 + 1.278 + 0.796 = 4.061$万元

11月销售量：$QM_{11} = QM_{10} \times 0.5 + QM_9 \times 0.3 + XM_8 \times 0.2 = 4.061 \times 0.5 + 3.974 \times 0.3 + 4.26 \times 0.2 = 2.0305 + 1.1922 + 0.852 = 4.0747$万元

12月销售量：$QM_{12} = QM_{11} \times 0.5 + QM_{10} \times 0.3 + QM_9 \times 0.2 = 4.0747 \times 0.5 + 4.061 \times 0.3 + 3.974 \times 0.2 = 2.03735 + 1.2183 + 0.7948 = 4.05045$万元

第4季度销售量：$Q_4 = QM_{10} + QM_{11} + QM_{12} = 12.18615 \approx 12.19$万元

结果见表1-9。

2015年第四季度销售情况预测　　　　　　　　表1-9

月份	销售额（万元）	移动平均
1	4.55	
2	2.96	
3	3.43	

续表

月份	销售额（万元）	移动平均
4	3.92	
5	2.68	
6	3.25	
7	3.98	
8	4.26	3.501
9		3.974
10		4.061
11		4.0747
12		4.05045

（2）8月预测销售量：$QM_8 = XM_7 \times 0.5 + XM_6 \times 0.3 + XM_5 \times 0.2 = 3.98 \times 0.5 + 3.25 \times 0.3 + 2.68 \times 0.2 = 1.99 + 0.975 + 0.536 = 3.501$万元

9月预测销售量：$QM_9 = \alpha \times XM_8 + (1-\alpha) \times QM_8 = 0.3 \times 4.26 + (1-0.3) \times 3.501 = 1.278 + 2.4507 = 3.7287 \approx 3.73$万元

注：XM_x代表实际月销售额，QM_x代表预测月销售额。

案例 1.5
W市某房地产价格预测

W市2015年房地产开发投资明显下降，新开工面积减少。开发投资598.03亿元，同比下降25.82%；其中住宅401.58亿元，同比下降19.59%。W市区房地产施工面积为4056.59万m^2，同比下降7.12%，其中住宅2744.92万m^2，同比下降1.92%；新开工面积为426.37万m^2，同比下降55.01%，其中住宅318.94万m^2，同比下降44.68%，W市各房地产商也根据市场形势相对应调整房价。某房地产项目位于无锡市中心地段，周边三纵三横，布置无障碍快速交通道路网，且配套设施齐全，到达附近的餐馆、医院、学校、公园、商城等都非常便利，步行到达公交站点只需5分钟，有多条公交线路，交通便利。刘先生准备在2016年1月购买该房地产项目的一套房屋，他想要估计该房屋未来的单价以筹备买房款，2015年1~12月的单价见表1-10。

W市某房地产项目2015年1~12月的单价表　　　　　表1-10

时间	1月	2月	3月	4月	5月	6月	7月	8月	9月	10月	11月	12月
单价（元/m²）	6212	6227	6472	6590	6723	7093	6705	6912	6708	6936	7110	7019

注：$t=0$期的预测值为6303.67万元/m²。

【问题】

设 $\alpha = 0.3$，请用二次指数平滑法预测2016年1月该房地产的价格。

（1）列出2015年1月和2月的一次平滑指数计算过程，并将全年的一次平滑计算结果填入表1-11；

（2）列出2015年1月和2月的二次平滑指数计算过程，并将全年的二次平滑计算结果填入表1-12；

（3）列出2016年1月房价预测过程。

一次指数平滑法计算表　　　　　表1-11

时间	时序 T	单价 X_t	预测值	时间	时序 T	单价 X_t	预测值
	0		6303.67	2015年7月	7	6705	
2015年1月	1	6212		2015年8月	8	6912	
2015年2月	2	6227		2015年9月	9	6708	
2015年3月	3	6472		2015年10月	10	6936	
2015年4月	4	6590		2015年11月	11	7110	
2015年5月	5	6723		2015年12月	12	7019	
2015年6月	6	7093					

二次指数平滑法计算表　　　　　表1-12

时间	时序 T	预测值1	预测值2	时间	时序 T	预测值1	预测值2
	0			2015年7月	7		
2015年1月	1			2015年8月	8		
2015年2月	2			2015年9月	9		
2015年3月	3			2015年10月	10		
2015年4月	4			2015年11月	11		
2015年5月	5			2015年12月	12		
2015年6月	6						

【理论及方法介绍】

二次指数平滑法

当历史数据具有线性趋势的时候,用一次平滑法会产生明显的滞后偏差,这时就要用二次指数平滑法来进行分析预测。二次指数平滑法是在一次平滑法的基础上再作一次指数平滑,然后结合长期趋势值进行调整预测,计算公式为:

$$S_t^{(1)} = \alpha Y_t + (1-\alpha) S_{t-1}^{(1)}$$
$$S_t^{(2)} = \alpha S_t^{(1)} + (1-\alpha) S_{t-1}^{(2)}$$

式中:$S_t^{(1)}$——第t期一次指数平滑值;

Y_t——第t期的实际值;

$S_{t-1}^{(1)}$——第$t-1$期的一次指数平滑值;

$S_t^{(2)}$——第t期的二次指数平滑值;

$S_{t-1}^{(2)}$——第$t-1$期的二次指数平滑值;

α——平滑系数。

求二次指数平滑值要先确定初始值,通常直接取 $S_0^{(2)} = S_0^{(1)}$,亦可取前几个一次指数平滑值的平均值作为二次指数平滑值的初始值。

在二次指数平滑处理的基础上可建立线性预测模型:

$$Y_{t+} = a_t + b_t T$$

式中:T——为从当前时期t到需预测的时期之间的时期数;

a_t——为截距;

b_t——为斜率。

$$a_t = 2S_t^{(1)} - S_t^{(2)}$$
$$b_t = \frac{\alpha}{1-\alpha} [S_t^{(1)} - S_t^{(2)}]$$

由于二次指数平滑法考虑了数据的发展趋势,因而可以用于作较长时期的预测,如中期预测。

【解答】

(1) 2015年1月的一次平滑指数=0.3×6212+(1-0.3)×6303.67=6276.17元/m²;

2015年2月的一次平滑指数=0.3×6227+(1-0.3)×6276.17=6261.42元/m²;

依次计算其余月份的一次平滑值,结果见表1-13。

一次指数平滑法计算表　　　　　　　　　　表1-13

时间	时序 T	单价 X_t	预测值	时间	时序 T	单方价格 X_t	预测值
	0		6303.67	2015年7月	7	6705	6685.96
2015年1月	1	6212	6276.17	2015年8月	8	6912	6753.77
2015年2月	2	6227	6261.42	2015年9月	9	6708	6740.04
2015年3月	3	6472	6324.59	2015年10月	10	6936	6798.83
2015年4月	4	6590	6404.21	2015年11月	11	7110	6892.18
2015年5月	5	6723	6499.85	2015年12月	12	7019	6930.23
2015年6月	6	7093	6677.79				

（2）2015年1月的二次平滑指数＝0.3×6276.17＋(1−0.3)×6303.67＝6295.42元/m²；

2015年2月的二次平滑指数＝0.3×6261.42＋(1−0.3)×6295.42＝6285.22元/m²；

依次计算其余月份的二次平滑值，结果见表1-14。

二次指数平滑法计算表　　　　　　　　　　表1-14

时间	时序 T	预测值1	预测值2	时间	时序 T	预测值1	预测值2
	0	6303.67		2015年7月	7	6685.96	6534.51
2015年1月	1	6276.17	6295.42	2015年8月	8	6753.77	6600.29
2015年2月	2	6261.42	6285.22	2015年9月	9	6740.04	6642.21
2015年3月	3	6324.59	6297.03	2015年10月	10	6798.83	6689.20
2015年4月	4	6404.21	6329.18	2015年11月	11	6892.18	6750.09
2015年5月	5	6499.85	6380.38	2015年12月	12	6930.23	6804.13
2015年6月	6	6677.79	6469.61				

（3）$a=2\times6930.23−6804.13=7056.32$

$b=(0.3/0.7)\times(6930.23−6804.13)=54.04$

2016年1月单价为7056.32+54.04×1＝7110.36元/m²

案例 *1.6*
某地区家用轿车市场分析

领奔汽车制造公司采用集中式销售模式，专门面向某一地区进行销售，该企业在2015年之前经营状况良好，销量呈明显上升趋势，尤其是中档汽车销量更加可观。该企业想在2016年继续扩大销售额，欲采用降价竞争策略，采用策略之前该企业想要进一步更加细致地研究市场，判断欲采用的竞争策略是否符合现有市场，为了制订2016年的销售计划，委托一家咨询公司对某地区家用轿车市场进行分析。

咨询公司首先进行了市场细分，采用德尔菲法进行市场分析，选择了汽车经销商、企业和消费者代表共120人对中档汽车市场进行调查，询问调查对象在购买汽车时注重哪些方面，以了解影响购买汽车的主要因素。在第一轮调查中，咨询公司没有指定影响因素，而是让被调查者提出5个自己认为最重要的因素。经过整理，结果见表1-15。

影响汽车购买的主要因素　　　　　　　　　　表1-15

因素	质量	品牌	售后服务	价格	外观	功能	油耗	内饰
推荐人数	57	98	38	113	66	28	78	18

在第二轮调查中，咨询公司将排在前5位的因素筛选出来，并让被调查者从这5个结果中选择3个自己认为最重要的因素。整理结果见表1-16。

第二轮调查意见整理　　　　　　　　　　表1-16

推荐人数＼因素	油耗	品牌	质量	价格	外观
选择第一	13	31	6	54	16
选择第二	40	16	17	23	24
选择第三	14	27	21	45	13

企业想更多地了解该地区2016年中档汽车的销售量情况，委托咨询公司收集了近年来当地中档轿车的销售量和平均价格作为参考，见表1-17。

当地中档轿车销售量和平均价格　　　　　　表1-17

年份	中档轿车销售量（台）	平均价格（万元）
2009	2890	16.24
2010	3560	15.22
2011	4112	14.64
2012	4894	13.88
2013	5866	13.22
2014	6735	12.70
2015	8762	11.75

【问题】

（1）请使用竞争态势矩阵对第二轮调查结果进行分析，如果给予第一位3分，第二位2分，第三位1分，对影响销售的五大主要因素进行排序，指出影响消费的3个最重要的因素。

（2）企业原先欲采用降价竞争策略是否合理，为什么？

（3）为了使企业进一步了解该地区2016年中档汽车的销售量情况，咨询公司决定用需求价格弹性系数法预测当地2016年中档轿车的销售量，如果平均价格下降到11万元，2016年销售量是多少？你认为该方法是否恰当？

【理论及方法介绍】

1. 竞争态势矩阵（CPM矩阵）

CPM矩阵用于确认企业的主要竞争对手及相对于该企业的战略地位，以及主要竞争对手的特定优势与弱点。CPM矩阵中的因素包括外部和内部两个方面的问题，评分则表示优势和弱点。

评分值涵义：1＝弱，2＝次弱，3＝次强，4＝强。

分析步骤：

1）确定行业竞争的关键因素；

2）根据每个因素对在该行业中成功经营的相对重要程度，确定每个因素的权重，权重和为1；

3）筛选出关键竞争对手，按每个因素对企业进行评分，分析各自的优势所在和优势大小；

4）将各评价值与相应的权重相乘，得出各竞争者各因素的加权评分值；

5）加总得到企业的总加权分，在总体上判断企业的竞争力。

2. 竞争策略

能够使企业实现其目标的战略有很多，归纳起来，其基本战略可以概括为成本领先战略、差异化战略和集中战略三种类型。

成本领先战略：当成本领先的企业的价格相当于或低于其竞争厂商时，它的低成本地位就会转化为高收益。尽管一个成本领先的企业是依赖其成本上的领先地位来取得竞争优势的，而它要成为经济效益高于平均水平的超群者，则必须与其竞争厂商相比，在产品别具一格的基础上取得的价值相等或价值近似的有利地位。成本优势的来源因产业结构不同而异，它们可以包括追求规模经济、专利技术、原材料的优惠待遇和其他因素。

差异化战略：差异化战略被认为是将公司提供的产品或服务差异化，它要求企业就客户广泛重视的一些方面在产业内独树一帜，或在成本差距难以进一步扩大的情况下，生产比竞争对手功能更强、质量更优、服务更好的产品以显示经营差异。实现差异化战略可以有许多方式，如设计或品牌形象、技术特点、外观特点、客户服务、经销网络及其他方面的独特性。最理想的情况是公司使自己在几个方面都差异化。应当强调，差异化战略并不意味着公司可以忽略成本，但此时成本不是公司的首要战略目标。产品差异化带来较高的收益，可以用来对付供方压力，同时可以缓解买方压力。当客户缺乏选择余地时其价格敏感性也就不高。最后，采取差异化战略而赢得顾客忠诚的公司，在面对替代品威胁时，其所处地位比其他竞争对手也更为有利。

集中型战略：即聚焦战略，是指把经营战略的重点放在一个特定的目标市场上，为特定的地区或特定的购买者集团提供特殊的产品或服务。即指企业集中使用资源，以快于过去的增长速度来增加某种产品的销售额和市场占有率。该战略的前提思想是：企业业务的专一化，能以更高的效率和更好的效果为某一狭窄的细分市场服务，从而超越在较广阔范围内竞争的对手们。这样可以避免大而弱的分散投资局面，容易形成企业的核心竞争力。

3. 需求价格弹性系数法

具体参见［案例1.2］。

【解答】

（1）首先计算每个因素的总得分，如油耗的得分＝13×3+40×2+14×1＝133；

五大因素的总得分＝133+152+73+253+109＝720；

油耗的权重得分＝133/720＝0.18；

依次计算各因素的得分和权重，见表1–18。

影响销售的五大因素的排序   表1-18

推荐人数\因素	油耗	品牌	质量	价格	外观
选择第一	13	31	6	54	16
选择第二	40	16	17	23	24
选择第三	14	27	21	45	13
得分	133	152	73	253	109
权重	0.18	0.21	0.10	0.35	0.15

按权重进行排序，则价格＞品牌＞油耗＞外观＞质量，显然，价格、品牌和油耗是影响销售的3个最重要因素。

（2）由于消费者对价格高度敏感，采取降价的竞争策略是合理的。

（3）前6年各年的价格弹性系数分别为3.69、4.07、3.66、4.18、3.77和4.02，取其平均值为3.90。

2010价格弹性系数：$[(3560-2890)/2890]/[(16.24-15.22)/16.24]=3.69$

2011价格弹性系数：$[(4112-3560)/3560]/[(15.22-14.64)/15.22]=4.07$

2012价格弹性系数：$[(4894-4112)/4112]/[(14.64-13.88)/14.64]=3.66$

2013价格弹性系数：$[(5866-4894)/4894]/[(13.88-13.22)/13.88]=4.18$

2014价格弹性系数：$[(6735-5866)/5866]/[(13.22-12.70)/13.22]=3.77$

2015价格弹性系数：$[(8762-6735)/6735]/[(12.70-11.75)/12.70]=4.02$

于是，2016年销售量$=8762\times[1+3.90\times(11.75-11)/11.75]=10942$台

采用价格弹性系数法是合理的，因为从前6年的数据分析，销售量与价格有明显的关系，且弹性系数比较稳定，在3.69~4.18之间，波动幅度在15%以内。

案例 1.7
林特公司市场战略分析

林特是全球领先的室内舒适系统和综合设施解决方案供应商，是一家总部位于美国威斯康星州的集团公司的子公司，林特秉承集团创造和持续发展安全、舒适、高效环境的理念，为客户提供优质、全系列的暖通空调产品及控制系统，并提供综合的工

程安装、楼宇管理及零配件支持服务。林特从20世纪80年代开始进入中国市场，先后在江苏太仓和广东中山建立了两个大型生产基地。今天，林特的足迹遍及全中国，在中国各主要城市设立了近40个销售和售后服务办事处及3个大型零配件中心。林特于2004年在上海设立了林特亚洲研发中心，设立研发中心后的2005年推出了三类空调产品分别为A、B、C。林特有三个事业部，分别从事A、B、C三类空调产品的生产和销售，在A、B、C三类产品市场上，林特公司的最大竞争对手是三所大型空调供应商，分别是约克、麦克维尔和惠而浦。为了给三类产品制定相应的发展战略，提升企业竞争力，公司对三类产品市场做了详细的调查，这些产品的有关市场数据见表1-19和图1-1。

2005年市场销售额数据表（万元） 表1-19

统计对象 \ 产品	A类	B类	C类
林特公司销售额（万元）	2600	8800	14500
最大竞争对手销售额（万元）	4200	22000	11000
全国市场销售总额（万元）	32000	84000	64000
近年全国市场增长率	13%	6%	1%

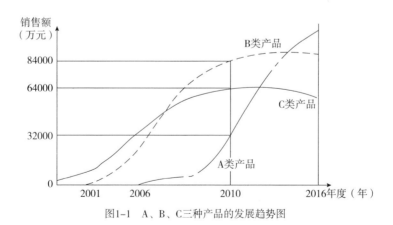

图1-1 A、B、C三种产品的发展趋势图

【问题】

（1）A、B、C三类产品目前分别处在产品生命周期的哪个阶段，该产品所处阶段在市场容量、生产规模和消费者认知方面各自具有什么特点？

（2）用波士顿矩阵分析林特公司的A、B、C三类产品分别属于何种业务？

（3）林特公司想要重点发展A、C两类产品，应分别采取什么策略？为什么？

（4）在波士顿矩阵中标示出林特公司A、C两类产品的发展策略路线方向。

【理论及方法介绍】

1. 产品生命周期理论

一件产品经过研发后，从投入市场开始到被市场淘汰为止的一段时期就称为产品的寿命周期。

产品的寿命周期按其销售量趋势一般可分为导入期、成长期、成熟期和衰退期等四个时期。如图1-2所示。

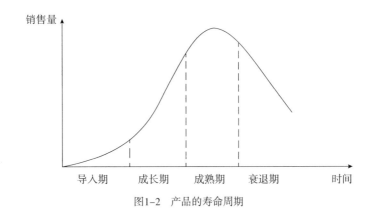

图1-2 产品的寿命周期

（1）导入期：新产品在刚投入市场时，因消费者还不熟悉其性能，需要经过一定时期的推广，销售量才缓慢上升。

（2）成长期：产品已逐渐被广大消费者所熟知，销售量迅速上升。

（3）成熟期：产品已逐步满足市场需要，同时同类型竞争产品纷纷进入市场，使产品销售量趋于稳定，并在高水平上呈上下波动状态。其中，销售量稳步上升的时期称为成熟期；销售量稳定的时期称为饱和期。

（4）衰退期：产品趋于老化并逐渐被市场上出现的新产品所代替，销售量急剧下降，趋于被淘汰。

产品寿命周期只是表明了产品销售的一般趋势，并不表明各个阶段的具体时间。同时，由于产品的性质和功能的不同，也使得不同产品之间寿命周期的期限不尽相同。因此，应对不同的产品进行具体分析。当然，在产品的寿命周期分析中，产品的概念是指产品的品种或者类型，而非指产品的种类或产品的牌号。

2. 波士顿矩阵

波士顿矩阵，又称市场增长率——相对市场份额矩阵，认为一般决定产品结构的基本因素有两个：即市场引力与企业实力。市场引力包括企业销售量（额）增长率、目标市场容量、竞争对手强弱及利润高低等，其中最主要的反映市场引力的综合指标是销售增长率，这是决定企业产品结构是否合理的外在因素。企业实力包括市场占有率、技术、设备、资金利用能力等，其中市场占有率是决定企业产品结构的内在要素，它直接显示出企业竞争实力。销售增长率与市场占有率既相互影响，又互为条件：市场引力大，市场占有高，可以显示产品发展的良好前景，企业也具备相应的适应能力，实力较强；如果仅有市场引力，而没有相应的高市场占有率，则说明企业尚无足够实力，则该种产品也无法顺利发展。相反，企业实力强，而市场引力小的产品也预示了该产品的市场前景不佳。

通过以上两个因素相互作用，会出现4种不同性质的产品类型，形成不同的产品发展前景：①销售增长率和市场占有率"双高"的产品群（明星类业务）；②销售增长率和市场占有率"双低"的产品群（瘦狗类业务）；③销售增长率高、市场占有率低的产品群（问题类业务）；④销售增长率低、市场占有率高的产品群（现金牛类业务），如图1-3所示。

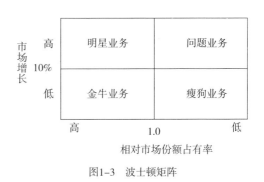

图1-3 波士顿矩阵

明星业务可能成为企业的现金牛业务，需要加大投资以支持其迅速发展。采用的发展战略是：积极扩大经济规模和市场机会，以长远利益为目标，提高市场占有率，加强竞争地位。

现金牛业务，又称厚利业务。其财务特点是销售量大，产品利润率高、负债比率低，可以为企业提供资金，而且由于增长率低，也无须增大投资。因而成为企业回收资金，支持其他业务，尤其是明星业务投资的后盾。对这一象限内的大多数产品，市场占有率的下跌已成不可阻挡之势，因此可采用收获战略：即所投入资源以达到短期收益最大化为限。

问题业务市场机会大，前景好，而在市场营销上存在问题。其财务特点是利润率较低，所需资金不足，负债比率高。例如在产品生命周期中处于引进期，因种种原因未能开拓市场。对问题产品应采取选择性投资战略，即首先确定对该象限中那些经过改进可能会成为明星的产品进行重点投资，提高市场占有率，使之转变成"明星产品"；对其他将来有希望成为明星的产品则在一段时期内采取扶持的对策。因此，对问题产品的改进与扶持方案一般均列入企业长期计划中。对问题产品的管理组织，最好是采取智囊团或项目组织等形式，选拔有规划能力、敢于冒风险、有才干的人负责。

瘦狗业务，也称衰退类业务。它是处在低增长率、低市场占有率象限内的产品群。其财务特点是利润率低、处于保本或亏损状态，负债比率高，无法为企业带来收益。对这类产品应采用撤退战略：首先应减少批量，逐渐撤退，对那些销售增长率和市场占有率均极低的产品应立即淘汰。其次是将剩余资源向其他产品转移。第三是整顿产品系列，最好将瘦狗产品与其他事业部合并，统一管理。

【解答】

（1）根据图1-1的趋势曲线，结合表1-19中近年来三类产品市场的增长率，可以判断出，目前A、B、C类产品分别处于产品生命周期的成长期、成熟期和衰退期。

A类产品所处的成长期具有市场容量迅速扩大，生产规模逐渐扩大，消费者认知度逐步提高的特点；B类产品所处的成熟期具有市场容量逐渐饱和，生产规模达到最大，消费者对产品全面认同的特点；C类产品所处的衰退期具有市场容量逐渐下降，生产规模逐渐萎缩，消费者开始逐步放弃产品的特点。

（2）计算得到A类产品的相对市场占有率为2600/4200＝0.62，B类产品的相对市场占有率为8800/22000＝0.4，C类产品的相对市场占有率为14500/11000＝1.32，结合表1-19所示近年产品市场增长率，可画出波士顿矩阵图，如图1-4所示。可以看出，A类产品目前属于"问题"业务，B类产品属于"瘦狗"业务，而C类产品属于"金牛"业务。

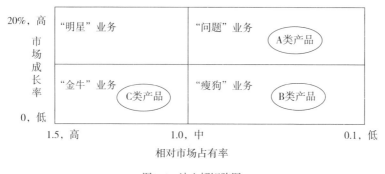

图1-4 波士顿矩阵图

（3）目前A类产品是"问题"业务，市场增长率达到13%，且相对市场占有率已超过0.5，达到0.62，在这一具有良好发展前景的市场上，甲公司具有发展潜力并已具备了一定的竞争能力。因此，对A类产品甲公司应采取发展战略，追加投资以扩大市场份额和竞争能力，将其培养成为"明星"业务。

同时，C类产品是"金牛"业务，甲公司的相对市场占有率很高，该业务能带来大量的现金流，公司应对其采取稳定战略保持产品的市场份额，不再追加投资。

（4）A、C两类产品的策略路线如图1-5所示，甲公司尽力维持C类产品（"金牛"业务）的市场份额，利用其提供的现金收益支持A类产品（"问题"业务）的发展，使其成为"明星"业务。此后，随着A类产品市场增长率水平的下降，其最终应成为能够提供大量现金收益的"金牛"业务；此外，由于C类产品的市场增长仅为1%。此后该产品市场可能出现萎缩，C类产品将成为"瘦狗"业务，甲公司将采取撤退策略，缩减该业务，并最终完全退出该业务市场。

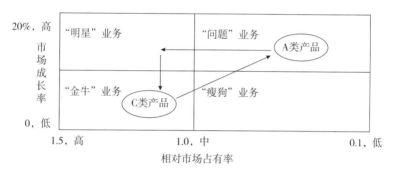

图1-5　A、C两类产品的波士顿矩阵图

第 2 章

项目选址决策

案例 2.1
北奔重型汽车发动机项目选址

北奔重型汽车厂是某市最大的重型汽车厂，生产的重型汽车质量高、污染小、价格合理，在业界赢得良好的口碑。近年来，随着基础设施建设项目的逐年增加、房地产市场的持续发展，各类工程建设项目对建筑材料运输的需求量大大增加，使北奔重型汽车的销量一路攀升，原有的汽车发动机厂的规模已经不足以满足现有的发动机生产量，于是工厂决定新建一个重型汽车发动机厂。

该市新开发一个"半山工业区"，该工业区入驻了几家高科技企业，易于掌握引进新技术。北奔汽车厂决策层中有人认为可以将发动机厂址设立在"半山工业区"，但另外一些人提出该工业区地理位置较偏僻，没有便捷的交通运输条件，且需要大兴土木，不如将原有重型汽车厂附近的一块废弃厂房改建成发动机厂，距离汽车厂较近，方便运输，又可充分利用原有生产设备。该汽车厂负责人想要在两种方案中做出选择，他搜集了两种方案的信息，汇总之后进行比较，如表2-1所示。

发动机厂的厂址方案比较表　　　　表2-1

序号	指标（判断因素）	方案甲	方案乙	权重
1	厂址位置	某市半山工业区	某市重型汽车厂附近	15%
2	占地面积	占地面积14.8万m^2	占地面积36万m^2	15%
3	可利用固定资产原值	2900万元	7600万元	10%
4	可利用原有生产设施	没有	生产性设施14.7万m^2，现有铸造车间3.4万m^2，其中可利用1.9万m^2	10%
5	交通运输条件	无铁路专用线	有铁路专用线	5%
6	土方工程量	新建3万m^2厂房和公用设施，填方6万m^2	无大的土方施工量	10%
7	所需投资额	7500万元	5000万元	15%
8	消化引进技术条件	易于掌握引进技术	消化引进需较长时间	20%

【问题】

运用综合评分法进行选择,将评价值填入表2-2,计算结果填入表2-3,并给出方案比较的结果,帮助该厂选择发动机厂厂址。

指标评价值表　　　　　　　　　　表2-2

序号	指标 (判断因素)	不同方案的指标评价值		指标评价值之和
		方案甲	方案乙	
1	厂址位置	0.350	0.650	1.000
2	占地面积			
3	可利用固定资产原值			
4	可利用原有生产设施	0.000	1.000	1.000
5	交通运输条件	0.200	0.800	1.000
6	土方工程量	0.100	0.900	1.000
7	所需投资额			
8	消化引进技术条件	0.800	0.200	1.000

方案评分计算表　　　　　　　　　表2-3

序号	指标 (判断因素)	不同方案的指标评价分		指标评价分之和
		方案甲	方案乙	
1	厂址位置			
2	占地面积			
3	可利用固定资产原值			
4	可利用原有生产设施			
5	交通运输条件			
6	土方工程量			
7	所需投资额			
8	消化引进技术条件			
	合计			

【理论及方法介绍】

综合评分法

综合评分法适用于评价指标无法用统一的量纲进行定量分析的情况,而用无量纲的分数进行综合评价。采用综合评分法的关键是确定比重因子和评价值,具体步骤如下:

第一步,确定方案比较的判断因素。

第二步,根据各方案的实际条件给出比重因子和指标评价值。指标评价值的确定,有的可根据经验判断;有的可根据已知数据计算出其中一个方案的指标值在总评价值中的比重。

对于越大越好的指标,公式如下:

$$n_i = \frac{m_i}{m_1 + m_2 + \cdots + m_j} \qquad (2-1)$$

式中:n_i——指标评价值;

m_i——指标评价初始值;

j——方案个数。

对于越小越好的指标,公式如下:

$$n_i = 1 - \frac{m_i}{m_1 + m_2 + \cdots + m_j} \qquad (2-2)$$

第三步,根据比重因子求出各方案每项指标的评分和不同方案的评价分总和。评价分为比重因子与评价值的乘积。

计算公式可表示为:

$$S = n_1 f_1 + n_2 f_2 + n_3 f_3 + \cdots + n_i f_i \qquad (2-3)$$

式中:S——方案总得分;

n_i——指标评价值;

f_i——指标评价值对应的权重。

【解答】

(1) 越大越好的指标:占地面积、可利用固定资产原值。

占地面积越大,工厂可利用的空间就越大,更有利于发挥作用。

可利用固定资产原值越大,工厂建设过程中成本就越小。

1) 占地面积$_{甲}$ = 14.8/(14.8+36) = 0.291

2) 占地面积$_{乙}$ = 1−0.291 = 0.709

3) 可利用固定资产原值$_{甲}$ = 2900/(2900+7600) = 0.276

4) 可利用固定资产原值$_{乙}$ = 1−0.276 = 0.724

(2）越小越好的指标：所需投资额

所需投资额越小，投资成本越小。

1）所需投资额$_甲$＝1−7500/(7500+5000)＝0.400

2）所需投资额$_乙$＝1−0.400＝0.600

计算结果见表2-4。

指标评价值计算表　　　　　　　　表2-4

序号	指标	不同方案的指标评价值		指标评价值之和
	（判断因素）	方案甲	方案乙	
1	厂址位置	0.350	0.650	1.000
2	占地面积	0.291	0.709	1.000
3	可利用固定资产原值	0.276	0.724	1.000
4	可利用原有生产设施	0.000	1.000	1.000
5	交通运输条件	0.200	0.800	1.000
6	土方工程量	0.100	0.900	1.000
7	所需投资额	0.400	0.600	1.000
8	消化引进技术条件	0.800	0.200	1.000

(3）计算指标评价分和指标评价分之和

例如：

厂址位置$_甲$＝0.35×15%＝0.053

厂址位置$_乙$＝0.65×15%＝0.098

综合计算结果如表2-5。

(4）计算方案总得分

$S_甲$ = 0.35×15% +0.291×15% +0.276×10% +0×10% +0.2×5% +0.1×10%+

0.4×15% +0.8×20%

＝ 0.053+0.044+0.028+0+0.01+0.01+0.06+0.16＝0.364

$S_乙$ = 0.65×15% +0.709×15% +0.724×10% +1.0×10% +0.8×5%+

0.9×10% + 0.6×15% +0.2×20%

＝ 0.098+0.106+0.072+0.1+0.04+0.09+0.09+0.04＝0.636

见表2-5。

方案评分计算表　　　　　　　　　　表2-5

序号	指标 （判断因素）	比重因子 （WF）	不同方案的指标评价分 方案甲	不同方案的指标评价分 方案乙	指标评价分之和
1	厂址位置	15%	0.053	0.098	0.150
2	占地面积	15%	0.044	0.106	0.150
3	可利用固定资产原值	10%	0.028	0.072	0.100
4	可利用原有生产设施	10%	0.000	0.100	0.100
5	交通运输条件	5%	0.010	0.040	0.050
6	土方工程量	10%	0.010	0.090	0.100
7	所需投资额	15%	0.060	0.090	0.150
8	消化引进技术条件	20%	0.160	0.040	0.200
	合计	100%	0.364	0.636	1.000

以上计算表明，乙方案得分（0.636）高于甲方案得分（0.364），所以应选乙方案。

案例 2.2
三兴市污水处理项目厂址选择

随着我国社会经济的快速发展，城市环境污染特别是水污染问题变得越来越严重。目前，水污染控制的重点主要为工业源，并逐渐转化为城市废水污染控制，这其中污水处理厂起了很大的作用，因此确定污水处理厂（再生水厂）工程项目选址的最优方案决策显得尤为重要。

蓝水河是三兴市主城区最大和最重要的河流，由于地形条件限制，蓝水河既是三兴市主要的生产及生活用水水源，同时也是地面雨水径流、生活污水、工业废水的主要受纳水体。沿岸600余个污水排放口与公用水厂及自备水厂的取水口交错，大量未经处理的污水无序排放严重影响了水源质量。为避免河水继续受到污染，改善饮用水源的水体质量，保证当地居民的身体健康，市政府决定在全市范围内建设若干座污水处理厂。在项目可行性研究阶段，选址是一项重要的环节，三兴市污水处理厂的选址需要考虑诸多因素，市政府选取以下几个主要评价因素作为分析依据，如表2-6所示。

污水处理厂选择评价指标体系　　　　　　　表2-6

一级指标	二级指标	三级指标
污水处理厂址 A	建设费用因素 B_1	厂区征地费用及拆迁费用 C_1
		污水处理厂建设费用 C_2
		污水管网建设费用 C_3
	运营费用因素 B_2	水厂运行费用 C_4
		管网维护费用 C_5
		污泥转运费用 C_6
		其他费用 C_7
	规划因素 B_3	
	环境因素 B_4	

市政府根据三兴市情况提出了三个方案，具体情况如下：

方案一（D_1）：跨区截流，新建2厂，集中处理，污水处理厂总设计规模157万 m^3/d，总占地100.40公顷。

方案二（D_2）：区域截流，新建9厂，相对集中处理。污水处理厂总设计规模156.5万 m^3/d，总占地119.20公顷。

方案三（D_3）：每个流域就近设厂，新建21厂，分散处理。污水处理厂总设计规模159万 m^3/d，总占地136.25公顷。

各方案的费用如表2-7所示。政府决定综合污水处理厂的评价指标体系和各方案的费用明细，运用层次分析法选出最佳选址方案。

各方案费用明细表（单位：万元）　　　　　　　表2-7

序号	影响因素	费用名称	方案一（D_1）	方案二（D_2）	方案三（D_3）
1	C_1	征地费用和拆迁费用	440	600	800
2	C_2	污水处理厂建设费用	5213	4805	5632
3	C_3	污水管网建设费用	309	100	180
4	C_4	水厂运行费（20年）	1460	1600	1350
5	C_5	管网维护费（20年）	100	60	250
6	C_6	污泥转运费（20年）	900	350	740
7	C_7	其他费用（20年）	200	500	750

【问题】

（1）请采用层次分析法（AHP）计算二级指标的权重（计算权重时使用方根法），并填入表2-10（三级指标权重已给出）；

（2）根据表2-7的费用数据计算三个方案的评价值，填入表2-11；（采用先取倒数再归一化方法）

（3）进行方案比选，并给出比较结果，确定最佳的污水处理厂选址方案。

注：表2-8为二级指标的判断矩阵，请计算二级指标的权重并列出过程，表2-9为随机一致性指标表。

二级指标层次判断矩阵　　　　　　　　　　表2-8

A	B_1	B_2	B_3	B_4
B_1	1	2	3	1/2
B_2	1/2	1	2	1/4
B_3	1/3	1/2	1	1/6
B_4	2	4	6	1

平均随机一致性指标表　　　　　　　　　　表2-9

n	1	2	3	4	5	6	7	8	9	10	11	12	13	14
RI	0	0	0.52	0.89	1.12	1.26	1.36	1.41	1.46	1.49	1.52	1.54	1.56	1.58

权重表　　　　　　　　　　表2-10

一级指标	二级指标	权重	三级指标	权重
污水处理厂址 A	建设费用因素B_1		厂区征地费用及拆迁费用C_1	0.102
			污水处理厂建设费用C_2	0.865
			污水管网建设费用C_3	0.033
	运营费用因素B_2		水厂运行费用C_4	0.534
			管网维护费用C_5	0.050
			污泥转运费用C_6	0.241
			其他费用C_7	0.175
	规划因素B_3			
	环境因素B_4			

方案评价表　　　　　　　　　　表2-11

序号	影响因素	方案一	方案二	方案三
1	C_1			
2	C_2			
3	C_3			
4	C_4			
5	C_5			
6	C_6			
7	C_7			
8	B_3	0.595	0.276	0.129
9	B_4	0.222	0.667	0.111

【理论及方法介绍】

层次分析法（AHP）——方根法

人们在进行社会的、经济的以及科学管理领域问题的系统分析中，面临的常常是一个由相互关联、相互制约的众多因素构成的复杂而缺少定量数据的系统。层次分析法（Analytic Hierarchy Process，简称AHP）为这类问题的决策和排序提供了一种新的、简洁而实用的建模方法。运用层次分析法建模，大体上可按下面4个步骤进行：

（1）建立阶梯层次结构模型

应用AHP分析决策问题时，首先要把问题条理化、层次化，构造出一个有层次的结构模型。在这个模型下，复杂问题被分解为元素的组成部分。这些元素又按其属性及关系形成若干层次。这些层次一般可以分为三类，见图2-1。

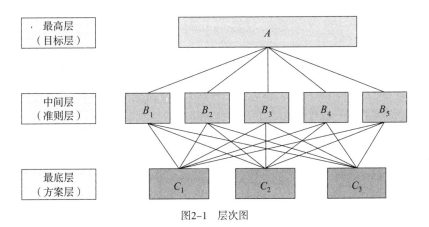

图2-1　层次图

1）最高层：这一层次中只有一个元素，一般它是分析问题的预定目标或理想结果，因此也称为目标层；

2）中间层：这一层次中包含了为实现目标所涉及的中间环节，它可以由若干个层次组成，包括所需考虑的准则、子准则，因此也称为准则层；

3）最底层：这一层次包括了为实现目标可供选择的各种措施、决策方案等，因此也称为措施层或方案层。

阶梯层次结构中的层次数与问题的复杂程度及需要分析的详尽程度有关，一般情况下层次数不受限制。每一层次中各元素所支配的元素一般不要超过9个。这是因为支配的元素过多会给两两比较判断带来困难。

（2）构造出各层次中的所有判断矩阵

对每一层次各个准则的相对重要性进行两两比较，并给出判断。比如：规划因素与环境因素的对比。这些判断用数值表示出来，写成矩阵，即所谓的判断矩阵。由于层次结构模型中有许多指标的数据难以通过统计方法获得。因而，采用德尔菲（Delphi）法或1-9标度法对同属一级的要素以上一级的要素为准则进行两两比较，根据评价尺度确定其重要性，以此来构造两两比较判断矩阵。常用的判断尺度有九分判断尺度，如表2-12所示。

九分判断尺度表　　　　　　　　表2-12

	含义
1	表示要素两两相比，具有同等重要性
3	表示要素两两相比，前者比后者稍微重要
5	表示要素两两相比，前者比后者明显重要
7	表示要素两两相比，前者比后者强烈重要
9	表示要素两两相比，前者比后者极端重要
2,4,6,8	表示上述判断的中间值
倒数关系	若要素i与要素j的重要性之比为C_{ij}，那么存在$C_{ij}=1/C_{ji}$

专家根据两两要素之间的比较采用九分判断尺度表给出以下判断矩阵。例如，环境因素（B_4）与规划因素（B_3）相比，前者处于明显重要和强烈重要之间，则B_4与B_3交叉处填入6，B_3与B_4交叉处填入1/6。两两评价后形成判断矩阵C。

$$C = \begin{bmatrix} c_{11} & \cdots & c_{1j} & \cdots & c_{1n} \\ \vdots & & \vdots & & \vdots \\ c_{i1} & \cdots & c_{ij} & \cdots & c_{in} \\ \vdots & & \vdots & & \vdots \\ c_{n1} & \cdots & c_{nj} & \cdots & c_{nn} \end{bmatrix} \quad (2-4)$$

式中：c_{ij} 为层要素 i 与要素 j 两两比较对于目标层 A 即选择最佳厂址目标的重要性程度的标度值，n 为判断矩阵的阶数。判断矩阵 C 是对角矩阵，显然满足公式：

$$c_{ij} = \frac{1}{c_{ji}} \tag{2-5}$$

以此方法类推可以构造出方案层对准则层的判断矩阵。

（3）层次单排序及一致性检验

层次单排序就是根据判断矩阵计算出对于上一层次中某一因素而言本层次与之有联系的元素重要性次序的权值。理论上讲，层次单排序问题归结为计算判断矩阵的最大特征根及其特征向量。特征向量的计算方法主要有方根法和和积法，此处计算方根法，如下：

1）计算判断矩阵每一行元素的乘积 m_i：

$$m_i = \prod_{j=1}^{n} c_{ij}, \ (i,j = 1, 2, \cdots, n) \tag{2-6}$$

2）计算 m_i 的 n 次方根 $\overline{W_i}$：

$$\overline{W_i} = \sqrt[n]{m_i} \tag{2-7}$$

3）对向量 $\overline{W_i} = [\overline{W_1}, \overline{W_2}, \ldots, \overline{W_n}]^T$ 作归一化处理，即：

$$W_i = \frac{\overline{W_i}}{\sum_{j=1}^{n} \overline{W_i}} \tag{2-8}$$

则 $W = [W_1, W_2, \cdots, W_n]^T$ 即为所求特征向量。

4）计算特征向量的最大特征根 λ_{max}：

$$\lambda_{max} = \sum \frac{(CW)_i}{nW_i} \tag{2-9}$$

判断矩阵 C 对应于最大特征值 λ_{max} 的特征向量 W，经归一化后即为同一层次相应因素对于上一层次某因素相对重要性的排序权值，这一过程称为层次单排序。

5）一致性检验

上述构造的两两比较判断矩阵的办法虽能减少其他因素的干扰，较客观地反映出因子影响力的差别。但综合全部比较结果时，其中难免包含一定程度的非一致性。因此在实际中要求判断矩阵满足大体上的一致性，需进行一致性检验。一致性检验的步骤如下：

① 计算一致性指标 CI：

$$CI = \frac{\lambda_{max} - n}{n - 1} \tag{2-10}$$

其中：λ_{max} 为判断矩阵的最大特征值。

② 计算一致性率 CR：

$$CR = \frac{CI}{RI} \quad (2-11)$$

其中 RI 是平均随机一致性指标，如表2-9所示。

当 $CR<0.1$ 时，认为判断矩阵的一致性可以接受，否则应调整矩阵中的元素，直到判断矩阵满意一致性为止。

（4）层次总排序及一致性检验

第三步得到的是一组元素对其上一层中某元素的权重向量，为了最终得到各元素，特别是最底层中各方案对于目标的排序权重，需要进行层次总排序，进而对方案进行选择。总排序权重要自上而下地将单准则下的权重进行合成。

设上一层次（A层）包含 $A_1, A_2, \cdots, A_m$ 共 m 个因素，它们的层次总排序权重分别为 $a_1, a_2, \cdots, a_m$，又设其后的下一层次（B层）包含 n 个因素 $B_1, B_2, \cdots, B_n$，它们关于 A_j 的层次单排序权重分别为 $b_{1j}, b_{2j}, \cdots, b_{nj}$。现求 B 层中各因素关于总目标的权重，即求 B 层各因素的层次总排序权重 $b_1, b_2, \cdots, b_n$，计算公式为：

$$b_i = \sum_{j=1}^{m} b_{ij} a_j, \quad i = 1, 2, \cdots, n \quad (2-12)$$

对层次总排序也需作一致性检验，检验仍像层次单排序那样由高层到低层逐层进行。这是因为虽然各层次均已经过层次单排序的一致性检验，各层次对判断矩阵都已具有较为满意的一致性。但当综合考察时，各层次的非一致性仍有可能积累起来，引起最终分析结果较严重的非一致性。

设 B 层中与 A_j 相关的因素的判断矩阵在单排序中经过一致性检验，求得单排序一致性指标为 $CI(j), j=1,2,\cdots m$，相应的平均随机一致性指标为 $RI(j)$（$RI(j), CI(j)$ 在层次单排序时求得），则 B 层总排序随机一致性比例为：

$$CR = \frac{\sum_{j=1}^{m} CI(j) a_j}{\sum_{j=1}^{m} RI(j) a_j} \quad (2-13)$$

当 $CR<0.1$ 时，认为层次总排序结果具有较满意的一致性并接受该分析结果。

【解答】

1. 计算二级指标权重

（1）层次单排序，采用方根法

$W_i(B_1) = (1 \times 2 \times 3 \times 1/2)^{1/4} = 1.316$ 　　$W_i(B_2) = (1/2 \times 1 \times 2 \times 1/4)^{1/4} = 0.707$

$W_i(B_3) = (1/3 \times 1/2 \times 1 \times 1/6)^{1/4} = 0.408$ 　　$W_i(B_4) = (2 \times 4 \times 6 \times 1)^{1/4} = 2.632$

$$W_i^0 = \frac{W_i}{\sum_i W_i}$$

$W_i^0(B_1) = 1.316/(1.316+0.707+0.408+2.632) = 0.260$

$W_i^0(B_2) = 0.707/(1.316+0.707+0.408+2.632) = 0.140$

$W_i^0(B_3) = 0.408/(1.316+0.707+0.408+2.632) = 0.080$

$W_i^0(B_4) = 2.632/(1.316+0.707+0.408+2.632) = 0.520$

（2）一致性检验

计算λ_{max}

$\lambda_{mi}(B_1) = (1.316+2\times0.707+3\times0.408+1/2\times2.632)/1.316 = 4.005$

$\lambda_{mi}(B_2) = (1/2\times1.316+1\times0.707+2\times0.408+1/4\times2.632)/0.707 = 4.016$

$\lambda_{mi}(B_3) = (1/3\times1.316+1/2\times0.707+1\times0.408+1/6\times2.632)/0.408 = 4.015$

$\lambda_{mi}(B_4) = (2\times1.316+4\times0.707+6\times0.408+1\times2.632)/2.632 = 4.005$

$\lambda_{max} = [\lambda_{mi}(B_1)+\lambda_{mi}(B_2)+\lambda_{mi}(B_3)+\lambda_{mi}(B_4)]/4$

$= (4.005+4.016+4.015+4.005)/4 = 4.010$

计算$CI = (4.010-4)/(4-1) = 0.003$

从表2-9查找相应的平均随机一致性指标RI。

根据$n=4$查表对应$RI=0.89$

计算一致性比例$CR=0.003/0.89=0.004<0.1$，检验结果满足要求，具体见表2-13。

权重表　　　　　表2-13

一级指标	二级指标	权重	三级指标	权重
污水处理厂址A	建设费用因素B_1	0.260	厂区征地费用及拆迁费用C_1	0.102
			污水处理厂建设费用C_2	0.865
			污水管网建设费用C_3	0.033
	运营费用因素B_2	0.140	水厂运行费用C_4	0.534
			管网维护费用C_5	0.050
			污泥转运费用C_6	0.241
			其他费用C_7	0.175
	规划因素B_3	0.080		
	环境因素B_4	0.520		

2. 计算方案评价值

由于费用指标越小越好,计算权重时先取倒数,再归一化,见表2-14。

例如:

$$C_{1方案1}=\frac{1/440}{1/440+1/600+1/800}=0.438$$

方案评价表　　　　　　　　表2-14

序号	影响因素	方案一	方案二	方案三
1	C_1	0.438	0.321	0.241
2	C_2	0.332	0.360	0.307
3	C_3	0.172	0.532	0.296
4	C_4	0.334	0.305	0.361
5	C_5	0.326	0.543	0.130
6	C_6	0.209	0.537	0.254
7	C_7	0.600	0.240	0.160
8	B_3	0.595	0.276	0.129
9	B_4	0.222	0.667	0.111

3. 计算方案总排序

W_{D_1} = 0.260 × (0.102 × 0.438+0.865 × 0.332+0.033 × 0.172)+0.140 ×

(0.534 × 0.334+0.050 × 0.326+0.241 × 0.209+0.175 × 0.600)+

0.080 × 0.595+0.520 × 0.222

= 0.300

W_{D_2} = 0.260 × (0.102 × 0.321+0.865 × 0.360+0.033 × 0.532)+0.140 ×

(0.534 × 0.305+0.050 × 0.543+0.241 × 0.537+0.175 × 0.240)+

0.080 × 0.276+0.520 × 0.667

= 0.514

W_{D_3} = 0.260 × (0.102 × 0.241+0.865 × 0.307+0.033 × 0.296)+0.140 ×

(0.534 × 0.361+0.050 × 0.130 +0.241 × 0.254+0.175 × 0.160)+

0.080 × 0.128+0.520 × 0.111

= 0.187

对计算结果进行排序,三个方案的优先顺序为:D_2、D_1、D_3,且方案D_2明显优于方案D_1和D_3。

推荐方案D_2。

案例 2.3
莉亚咖啡旗舰店店址选择

旗舰店是一个品牌的形象店，鉴于不同的地区社会环境、人口状况、商圈环境、文化民俗差异，连锁企业在选择旗舰店的时候需要综合考虑多方面的因素，因为这些因素往往决定了顾客来源，并深刻地影响店铺对经营的商品种类、产品定价、经营策略的选择。选择一个合适的旗舰店址，不仅可以增加客户进店率，而且对于宣传和推广品牌有重要的意义。店址选择要坚持"方便顾客"的原则，以提高顾客进店的便利，并最大限度满足顾客的需要。如果不能达到上述要求，对顾客的吸引力将减弱，这对旗舰店的生存和发展都是不利的。

莉亚咖啡源自意大利，该公司每年生产1100万kg以上的优质咖啡豆，居于咖啡界高品质的领航者，拥有6家子公司以及500多名员工。在2003年的总营业额高达2亿欧元，较2002年成长了12%，年净利为1100万欧元。随着中国咖啡市场逐渐成熟，莉亚咖啡集团决定将"意曼多精品咖啡"品牌拓展到中国大陆市场，为此，大陆第一家旗舰店址选择成为该公司的一项重要决策。

在初步的市场调研和机会分析的基础上，战略部分选定了北京和上海两座城市作为备选方案。

选择上海，将设立在上海新天地广场，新天地广场是上海主要商业街，由太仓路、黄陂南路、马当路及自忠路环绕而成，处于城市中心地带，临近淮海中路商区，是购物人士较为青睐的地方；选择北京，将设立在侨福芳草地大厦D区二层，侨福芳草地大厦是集高端商场和写字楼于一体的商业建筑，位于东大桥路9号，对面为尚都SOHO、世界城、世贸天阶等，可以为附近的工作族提供休闲购物场所。

企业准备运用层次分析法在两个城市之间进行选址决策，根据选址需要考虑的因素，层级结构模型分为四层，第一层为目标层（即选择最佳的城市）；第二层为准则层，包含区位因素、立地条件、竞争因素；第三层为指标层，包括目标客群、中心点、物业成本等8项指标；第四层为方案层，包括上海、北京两个城市。具体结构图见图2-2。

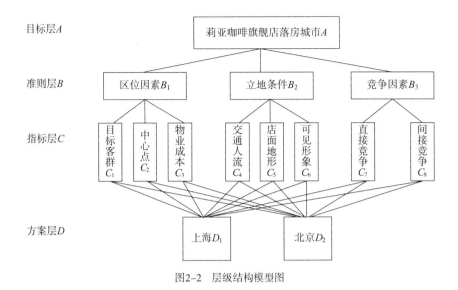

图2-2 层级结构模型图

指标体系建立后,由专家对各指标的重要性打分,采用均值方法进行测算。重要性评分采用T.L.Saaty提出的1-9标度法。经过对专家所评分值取平均处理后,采用层次分析法构造判断矩阵,各层次判断矩阵如表2-15~表2-26。

A-B层次判断矩阵　表2-15

A	B_1	B_2	B_3
B_1	1	9	5
B_2	1/9	1	1/3
B_3	1/5	3	1

B_1-C层次判断矩阵　表2-16

B_1	C_1	C_2	C_3
C_1	1	1/5	1/7
C_2	5	1	1/3
C_3	7	3	1

B_2-C层次判断矩阵　表2-17

B_2	C_4	C_5	C_6
C_4	1	1/3	1/5
C_5	3	1	1/3
C_6	5	3	1

B_3-C层次判断矩阵　表2-18

B_3	C_7	C_8
C_7	1	3
C_8	1/3	1

C_1-D层次判断矩阵　表2-19

C_1	D_1	D_2
D_1	1	1/9
D_2	9	1

C_2-D层次判断矩阵　表2-20

C_2	D_1	D_2
D_1	1	1
D_2	1	1

C_3-D 层次判断矩阵 表2-21

C_3	D_1	D_2
D_1	1	1
D_2	1	1

C_4-D 层次判断矩阵 表2-22

C_4	D_1	D_2
D_1	1	1
D_2	1	1

C_5-D 层次判断矩阵 表2-23

C_5	D_1	D_2
D_1	1	1/3
D_2	3	1

C_6-D 层次判断矩阵 表2-24

C_6	D_1	D_2
D_1	1	1/5
D_2	5	1

C_7-D 层次判断矩阵 表2-25

C_7	D_1	D_2
D_1	1	1/5
D_2	5	1

C_8-D 层次判断矩阵 表2-26

C_8	D_1	D_2
D_1	1	7
D_2	1/7	1

【问题】

请采用层次分析法计算C层次排序结果，填入表2-27；D层次排序结果填入表2-28（计算权重时使用和积法），并帮助企业完成选址决策（随机一致性见表2-9）。

C 层次的排序结果 表2-27

层次C \ 层次B	B_1	B_2	B_3	总排序
C_1				
C_2				
C_3				
C_4				
C_5				
C_6				
C_7				
C_8				

D层次的排序结果　　　　　　　　　　表2-28

层次C 层次D	C_1	C_2	C_3	C_4	C_5	C_6	C_7	C_8	总排序
D_1									
D_2									

【理论及方法介绍】

层次分析法（AHP）——和积法

层次分析法层次单排序时计算特征向量还可以采用和积法，具体计算如下：

（1）判断矩阵每一列归一化：

$$b_{ij}^\% = \frac{b_{ij}}{\sum_{i=1}^{n} b_{ij}} \quad (2\text{-}14)$$

（2）对按列一致化的矩阵，再按行求和：

$$\overline{W}_i = \sum_{j=1}^{m} b_{ij}^\% \quad (2\text{-}15)$$

（3）将向量 $\overline{W}_i = (\overline{W}_1, \overline{W}_2, \cdots, \overline{W}_n)^T$ 归一化，即得到特征向量：

$$W_i = \frac{\overline{W}_i}{\sum_{i=1}^{n} \overline{W}_i} \quad (2\text{-}16)$$

（4）求最大特征根、一致性检验等部分同方根法。

【解答】

（1）A-B层次判断矩阵计算的相关计算如下：

求判断矩阵每列归一化后按行相加：

$$\overline{W}_1 = \frac{1}{1+1/9+1/5} + \frac{9}{9+1+3} + \frac{5}{5+1/3+1} = 2.244$$

$$\overline{W}_2 = \frac{1/9}{1+1/9+1/5} + \frac{1}{9+1+3} + \frac{1/3}{5+1/3+1} = 0.214$$

$$\overline{W}_3 = \frac{1/5}{1+1/9+1/5} + \frac{3}{9+1+3} + \frac{1}{5+1/3+1} = 0.541$$

将 $\overline{W}_i$ 归一化，并计算：

$$W_1 = \frac{2.244}{2.244+0.214+0.541} = 0.748$$

$$W_2 = \frac{0.214}{2.244+0.214+0.541} = 0.072$$

$$W_3 = \frac{0.541}{2.244 + 0.214 + 0.541} = 0.180$$

计算判断矩阵的最大特征值根 λ_{max}：

$$1 \times 0.748 + 9 \times 0.072 + 5 \times 0.180 = 2.287$$
$$1/9 \times 0.748 + 1 \times 0.072 + 1/3 \times 0.180 = 0.214$$
$$1/5 \times 0.748 + 3 \times 0.072 + 1 \times 0.180 = 0.543$$

$$\lambda_{max} = \sum \frac{(CW)_i}{nW_i} = \frac{2.287}{3 \times 0.748} + \frac{0.214}{3 \times 0.072} + \frac{0.543}{3 \times 0.180} = 3.029$$

$$CI = \frac{\lambda_{max} - n}{n - 1} = \frac{3.029 - 3}{3 - 1} = 0.0146$$

查表2-9得：$RI = 0.58$，因而有：

$$CR = \frac{CI}{RI} = \frac{0.0146}{0.58} = 0.025 < 0.1$$

因此，A–B层次判断矩阵满足一致性检验要求。

（2）与A–B层次判断矩阵的计算方法类似，根据判断矩阵，通过求各因素和积值、归一化处理后，可求得B_1–C层次的权重：

$W_{11} = 0.074$，$W_{12} = 0.283$，$W_{13} = 0.643$

进行判断矩阵的一致性检验。计算出判断矩阵的最大特征值$\lambda_{max} = 3.066$，求出B_1–C层次总排序一致性检验指标$CI_{B1-C} = 0.0328$，B_1–C层总排序平均随机一致性指表$RI_{B1-C} = 0.58$，从而求出B_1–C层次总排序随机一致性比例$CR = CI/RI = 0.056 < 0.1$，于是可以认为层次总排序的计算结果满足一致性。

（3）与B_2–C层次判断矩阵相对应的参数计算结果是：

$W_{21} = 0.106$，$W_{22} = 0.260$，$W_{23} = 0.634$

然后计算出判断矩阵的最大特征值$\lambda_{max} = 3.039$，求该层总排序一致性检验指标$CI = 0.0193$，该层次总排序平均随机一致性指标$RI = 0.58$，从而求出该层次总排序随机一致性比例$CR = CI/RI = 0.033 < 0.1$，于是可以认为层次总排序的计算结果满足一致性。显然，B_2–C层次总排序的计算结果也满足一致性。

（4）B_3–C层次判断矩阵相对应的参数计算结果为：

$W_{31} = 0.750$，$W_{32} = 0.250$

此为二阶判断矩阵，易知它满足一致性检验。

C层共有8个指标，分别计算D层对C层的层次单排序如下：

C_1–D层次判断矩阵：$W_1 = 0.100$，$W_2 = 0.900$

C_2–D层次判断矩阵：$W_1 = 0.500$，$W_2 = 0.500$

C_3-D层次判断矩阵：$W_1=0.500$，$W_2=0.500$

C_4-D层次判断矩阵：$W_1=0.500$，$W_2=0.500$

C_5-D层次判断矩阵：$W_1=0.250$，$W_2=0.750$

C_6-D层次判断矩阵：$W_1=0.167$，$W_2=0.833$

C_7-D层次判断矩阵：$W_1=0.167$，$W_2=0.833$

C_8-D层次判断矩阵：$W_1=0.875$，$W_2=0.125$

表2-27的填写结果见表2-29。

C层次排序结果　　　　　　　　　　表2-29

层次C \ 层次B	B_1	B_2	B_3	总排序
	0.748	0.072	0.180	
C_1	0.074			0.055
C_2	0.283			0.212
C_3	0.643			0.481
C_4		0.106		0.008
C_5		0.260		0.019
C_6		0.634		0.046
C_7			0.750	0.135
C_8			0.250	0.045

C_1总排序$=0.748\times0.074=0.055$；C_2总排序$=0.748\times0.283=0.212$；

C_3总排序$=0.748\times0.643=0.481$；C_4总排序$=0.072\times0.106=0.008$；

C_5总排序$=0.072\times0.260=0.019$；C_6总排序$=0.072\times0.634=0.046$；

C_7总排序$=0.180\times0.750=0.135$；C_8总排序$=0.180\times0.250=0.045$。

根据前面的计算结果，可对D层次进行总排序，表2-28的填写结果见表2-30。

D层次排序结果 表2-30

层次C 层次D	C_1 0.055	C_2 0.212	C_3 0.481	C_4 0.008	C_5 0.019	C_6 0.046	C_7 0.135	C_8 0.045	总排序
D_1	0.10	0.50	0.50	0.50	0.25	0.167	0.167	0.875	0.428
D_2	0.90	0.50	0.50	0.50	0.75	0.833	0.833	0.125	0.572

D_1总排序 $=0.055\times0.10+0.212\times0.50+0.481\times0.50+0.008\times0.50+0.019\times0.25+$
$0.046\times0.167+0.135\times0.167+0.045\times0.875=0.428$

D_2总排序 $=0.055\times0.90+0.212\times0.50+0.481\times0.50+0.008\times0.50+0.019\times0.75+$
$0.046\times0.833+0.135\times0.833+0.045\times0.125=0.572$

通过总体排序可以得出：D_2总排序＞D_1总排序，因此应优先在北京侨福芳草地商场开设旗舰店。

第 3 章

项目的财务分析

案例 3.1
宁远铸钢厂建设项目的总投资估算

宁远铸钢厂是中国质量协会会员，是中国钢模铸造十大品牌企业之一，中国工业机械协会会员单位，拥有雄厚的科研实力、先进的加工设备、严格的质量保证体系、科学完善的管理制度。作为国内知名的铸钢厂，所生产的铸钢件在精度方面处于行业内领先水平。该厂位于宁远市长安镇，南邻宁远东西大道沪杭公路复线1km，距沪杭、杭浦高速公路长安出口处2km，沪杭高铁路1km，交通条件十分优越。

凭借优质的产品和便利的交通条件，公司在行业内市场份额占有率不断增长，各类产品的市场需求量已经超过了公司现有的生产负荷。因此，公司董事会讨论后决定新建一个年产30万吨的分厂。

公司在2002年已建年产25万吨的类似厂房，当时的负责人是公司的市场总监张宇，考虑到张宇在这方面的经验，便委派张宇负责此次新建分厂的投资估算。张宇在查阅公司的存档资料后发现，公司在建设年产25万吨厂房时工艺设备投资为3600万元，新建项目与已建类似项目的综合调整系数为1.25，因此张宇决定先采用生产能力指数法估算拟建工程的工艺设备投资额；已知厂房土建费用估计为工艺设备的1.2倍，工程建设其他费用为5000万元，安装工程费为3000万元。同时，新建项目其他专业工程投资与工艺设备投资呈系数关系，经整理后如表3-1所示；其他辅助工程及附属设施投资与厂房土建投资间存在一定的系数关系，经整理如表3-2所示。张宇在搜集到这些数据之后，迅速算出了新建项目的工程费用，并以报告的形式提交了董事会。

与工艺设备投资有关的各专业工程投资系数　　　　表3-1

工艺设备	1.00
加热炉	0.12
汽化冷却	0.01
余热锅炉	0.04
自动化仪表	0.02
起重设备	0.10
供电与传动	0.20
系数合计	1.49

与厂房土建有关的辅助工程及附属设施投资系数　　　　表3-2

厂房土建	1.00
动力系统	0.30
机修系统	0.12
总图运输系统	0.20
行政及生活福利设施工程	0.30
系数合计	1.92

董事会在分析了张宇所做的投资估算和企业现有的财务状况后，决定向银行贷款1亿元，经协商贷款年利率为6%（按年计息），贷款在建设期内均匀发放。厂房的建设期预计为3年，第1年投入为30%，第2年投入50%，第3年投入20%。预计建设期物价年平均上涨率为3%，基本预备费率为5%。

为了使新建分厂顺利投入生产，公司还需要筹集流动资金，进一步分析发现，单位产量占用流动资金额为25.75元/t。

【问题】

（1）试用生产能力指数法估算拟建工程的工艺设备投资额；用设备及厂房系数法估算该项目的建设投资。

（2）估算该项目的建设投资，并编制建设投资估算表，填入表3-3。

（3）估算该项目的建设期利息。

（4）试用扩大指标估算法估算该项目的流动资金。

（5）确定该项目的总投资。

拟建项目建设投资估算表（单位：万元）　　　　表3-3

序号	工程费用名称	系数	合计
1	工程费		
1.1	建筑工程费		
1.1.1	动力系统		
1.1.2	机修系统		
1.1.3	总图运输系统		
1.1.4	行政及生活福利设施		
1.2	设备及工器具购置费		
1.2.1	加热炉		

续表

序号	工程费用名称	系数	合计
1.2.2	汽化冷却		
1.2.3	余热锅炉		
1.2.4	自动化仪表		
1.2.5	起重设备		
1.2.6	供电与传动		
1.3	安装工程费		
2	工程建设其他费		
	（1+2）		
3	预备费		
3.1	基本预备费		
3.2	涨价预备费		
项目建设投资合计=(1+2+3)			

【理论及方法介绍】

项目总投资构成及估算

（1）项目总投资的构成

项目总投资由建设投资、建设期利息和流动资金构成。

建设投资是指在项目筹建与建设期间所花费的全部建设费用，按概算法分类包括工程费用、工程建设其他费用和预备费用，其中：工程费用包括建筑工程费、设备购置费和安装工程费；预备费用包括基本预备费和涨价预备费。也可将建设投资按照形成资产法分类，分为形成固定资产的费用、形成无形资产的费用、形成其他资产的费用（简称固定资产费用、无形资产费用、其他资产费用）和预备费用四类。这两种分类方法并不影响建设投资的实质内容和估算值。

建设期利息是债务资金在建设期内发生并应计入固定资产原值的利息，包括借款（或债券）利息以及手续费、承诺费、管理费等其他融资费用。

流动资金是项目运营期内长期占用并周转使用的营运资金。

（2）建设投资

建设投资可按照组成进行分项估算，也可以进行综合估计，估算出厂房和设备的建筑、购置、安装等费用，再以此为基础估算工程建设其他费、预备费等，这里介绍几种综合投资估算方法。

1）单位生产能力估算法

该方法根据已建成的、性质类似的建设项目的单位生产能力投资（如元/t、元/kW）乘以拟建项目的生产能力来估算拟建项目的投资额，其计算公式为：

$$Y_2 = \frac{Y_1}{X_1} \times X_2 \times CF \quad (3-1)$$

式中：Y_2——拟建项目的投资额；

Y_1——已建类似项目的投资额；

X_1——已建类似项目的生产能力；

X_2——拟建项目的生产能力；

CF——不同时期、不同地点的定额、单价、费用变更等的综合调整系数。

该方法将项目的建设投资与其生产能力的关系视为简单的线性关系，估算简便迅速，但精确度较差。使用这种方法要求拟建项目与所选取的已建项目相类似，仅存在规模大小和时间上的差异。单位生产能力估算法一般仅用于机会研究阶段。

2）生产能力指数法

该方法根据已建成的、性质类似的建设项目的生产能力和投资额与拟建项目的生产能力来估算拟建项目投资额，其计算公式为：

$$Y_2 = Y_1 \times (\frac{X_2}{X_1})^n \times CF \quad (3-2)$$

式中：n——生产能力指数。

其他符号含义同前。

上式表明，建设项目的投资额与生产能力呈非线性关系。运用该方法估算项目投资的重要条件，是要有合理的生产能力指数。不同性质的建设项目，n的取值是不同的。在正常情况下，$0 \leqslant n \leqslant 1$。若已建类似项目的规模和拟建项目的规模相差不大，$X_2$与$X_1$的比值在0.5~2之间，则指数$n$的取值近似为1；一般认为$X_2$与$X_1$的比值在2~50之间，且拟建项目规模的扩大仅靠增大设备规模来达到时，则n取值约在0.6~0.7之间；若靠增加相同规格设备的数量来达到时，则n取值为0.8~0.9之间。

采用生产能力指数法，计算简单、速度快，但要求类似项目的资料可靠，条件基本相同，否则误差就会增大。对于建设内容复杂的项目，可行性研究中有时也用于分项装置（或生产线）的工程费用估算。

3）比例估算法

比例估算法可分为两类：

①以拟建项目的设备购置费为基数进行估算

该方法是以拟建项目的设备购置费为基数,根据已建成的同类项目的建筑工程费和安装工程费占设备购置费的百分比,求出相应的建筑工程费和安装工程费,再加上拟建项目其他费用(包括工程建设其他费用和预备费等),其总和即为拟建项目的建设投资。计算公式为:

$$C = E(1 + f_1P_1 + f_2P_2) + I \tag{3-3}$$

式中:C——拟建项目的建设投资;

E——拟建项目根据当时当地价格计算的设备购置费;

P_1、P_2——已建项目中建筑工程费和安装工程费占设备购置费的百分比;

f_1、f_2——由于时间、地点等因素引起的定额、价格、费用标准等综合调整系数;

I——拟建项目的其他费用。

②以拟建项目的工艺设备投资为基数进行估算

该方法以拟建项目的工艺设备投资为基数,根据同类型的已建项目的有关统计资料,各专业工程(总图、土建、暖通、给水排水、管道、电气、电信及自控等)占工艺设备投资(包括运杂费和安装费)的百分比,求出拟建项目各专业工程的投资,然后把各部分投资(包括工艺设备投资)相加求和,再加上拟建项目的其他有关费用,即为拟建项目的建设投资。计算公式为:

$$C = E(1 + f_1P'_1 + f_2P'_2 + f_3P'_3 + \cdots) + I \tag{3-4}$$

式中:E——拟建项目根据当时当地价格计算的工艺设备投资;

P'_1、P'_2、P'_3——已建项目各专业工程费用占工艺设备投资的百分比。

其他符号含义同前。

4)系数估算法

①朗格系数法

该方法以设备购置费为基础,乘以适当系数来推算项目的建设投资。计算公式为:

$$C = E(1 + \sum K_i)K_c \tag{3-5}$$

式中:C——建设投资;

E——设备购置费;

K_i——管线、仪表、建筑物等项费用的估算系数;

K_c——管理费、合同费、应急费等间接费在内的总估算系数,为1加上间接费率。

建设投资与设备购置费之比为朗格系数K_L。即:

$$K_L = (1 + \sum K_i)K_c \tag{3-6}$$

运用朗格系数法估算投资,方法比较简单,但由于没有考虑项目(或装置)的规模大小、设备材质的影响以及不同地区自然、地理条件差异的影响，所以估算的准确度不高。

②设备及厂房系数法

该方法在拟建项目工艺设备投资和厂房土建投资估算的基础上，其他专业工程参照类似项目的统计资料，与设备关系较大的按设备投资系数计算，与厂房土建关系较大的则按厂房土建投资系数计算，两类投资加起来，再加上拟建项目的其他有关费用，即为拟建项目的建设投资。

5）估算指标法

估算指标法俗称扩大指标法。估算指标是一种比概算指标更为扩大的单项工程指标或单位工程指标，以单项工程或单位工程为对象，综合了项目建设中的各类成本和费用，具有较强的综合性和概括性。

单项工程指标一般以单项工程生产能力单位投资表示，如工业窑炉砌筑以"元/m^3"表示，变配电站以"元/kVA"表示，锅炉房以"元/t蒸汽"表示。

单位工程指标一般以如下方式表示：房屋区别不同结构形式多以"元/m^2"表示，道路区别不同结构层、面层以"元/m^2"表示，管道区别不同材质、管径以"元/m"表示。

估算指标在使用过程中应根据不同地区、不同时期的实际情况进行适当调整，因为地区、时期不同，设备、材料及人工的价格均有差异。

估算指标法的精确度相对比概算指标法低，主要适用于初步可行性研究阶段。项目可行性研究阶段也可采用，主要是针对建筑安装工程费以及公用和辅助工程等配套工程。

实质上单位生产能力估算法也可算作一种最为粗略的扩大指标法，一般只适用于机会研究阶段。

6）概算指标法

该法是采用概算指标估算建筑安装工程费用的方法。概算指标是以成套设备装置的台（组）或以整个建筑物和构筑物的建筑面积、体积为计量单位而规定的人工、材料、机械台班的消耗量标准和造价指标。采用这种方法需要具备较为详细的工程量资料、材料价格和工程费用指标，工作量较大，相对准确度也较高。

7）基本预备费估算

基本预备费是指在项目实施中可能发生，但在项目决策分析与评价阶段难以预计的，需要事先预留的费用，又称工程建设不可预见费。一般由下列三项内容构成：

①在批准的设计范围内，技术设计、施工图设计及施工过程中所增加的工程费用；经批准的设计变更、工程变更、材料代用、局部地基处理等增加的费用。

②一般自然灾害造成的损失和预防自然灾害所采取的措施费用。

③竣工验收时为鉴定工程质量对隐蔽工程进行必要的挖掘和修复费用。

基本预备费以工程费用和工程建设其他费用之和为基数,按部门或行业主管部门规定的基本预备费费率估算。计算公式为:

基本预备费 =(工程费用+工程建设其他费)× 基本预备费费率

=(建筑工程费+设备购置费+安装工程费+工程建设其他费)×

基本预备费费率 (3-7)

8)涨价预备费估算

涨价预备费是对建设工期较长的项目,由于在建设期内可能发生材料、设备、人工、机械台班等价格上涨引起投资增加而需要事先预留的费用,亦称价格变动不可预见费、价差预备费。涨价预备费一般以分年的工程费用为计算基数,计算公式为:

$$PC = \sum_{t=1}^{n} I_t [(1+f)^t - 1] \quad (3-8)$$

式中:PC——涨价预备费;

I_t——第t年的工程费用;

f——建设期价格上涨指数;

n——建设期;

t——年份。

目前涨价预备费有不同的计算方式,式(3-8)所示的计费基数是最小的,计算出的涨价预备费数额最低。国内外也有将工程费用和工程建设其他费用合计作为计费基数的,甚至有将基本预备费也纳入计费基数的情况,按后者计算的涨价预备费数额最高。

建设期价格上涨指数,政府主管部门有规定的按规定执行,没有规定的由工程咨询人员合理预测。

(3)建设期利息

1)建设期利息估算的前提条件

进行建设期利息估算必须先完成以下各项工作:

①建设投资估算及其分年投资计划。

②确定项目资本金(注册资本)数额及其分年投入计划。

③确定项目债务资金的筹措方式(银行贷款或企业债券)及债务资金成本率(银行贷款利率或企业债券利率及发行手续费率等)。

2)建设期利息的估算方法

估算建设期利息应注意有效利率和名义利率的区别。

项目在建设期内如能用非债务资金按期支付利息，应按单利计息；在建设期内如不支付利息，或用借款支付利息应按复利计息。

项目评价中对当年借款额在年内按月、按季均衡发生的项目，为了简化计算，常假设借款发生当年均在年中使用，按半年计息，其后年份按全年计息。

对借款额在建设期各年年初发生的项目，则应按全年计息。

建设期利息的计算要根据借款在建设期各年年初发生或者在各年年内均衡发生的情况，采用不同的计算公式。

①借款额在建设期各年年初发生，建设期利息的计算公式为：

$$Q = \sum_{t=1}^{n}[(P_{t-1} + A_t) \times i] \quad (3-9)$$

式中：Q——建设期利息；

P_{t-1}——按单利计息，为建设期第$t-1$年末借款累计；按复利计息，为建设期第$t-1$年末借款本息累计；

A_t——建设期第t年借款额；

i——借款年利率；

t——年份。

②借款额在建设期各年内均衡发生，建设期利息的计算公式为：

$$Q = \sum_{t=1}^{n}\left[\left(P_{t-1} + \frac{A_t}{2}\right) \times i\right] \quad (3-10)$$

在项目决策分析与评价阶段，一般采用借款额在各年内均衡发生的建设期利息计算公式估算建设期利息；根据项目实际情况，也可采用借款额在各年年初发生的建设期利息计算公式估算建设期利息。

有多种借款资金来源、每笔借款的年利率各不相同的项目，既可分别计算每笔借款的利息，也可先计算出各笔借款加权平均的年利率，并以此年利率计算全部借款的利息。

（4）流动资金

流动资金估算可按行业要求或前期研究的不同阶段选用扩大指标估算法或分项详细估算法估算。这里只介绍扩大指标估算法。

扩大指标估算法简便易行，但准确度不如分项详细估算法，在项目初步可行性研究阶段可采用扩大指标估算法。某些流动资金需要量小的行业项目或非制造业项目在可行性研究阶段也可采用扩大指标估算法。

扩大指标估算法是参照同类企业流动资金占营业收入的比例（营业收入资金率）、流动资金占经营成本的比例（经营成本资金率）或单位产量占用流动资金的数额来估算流动资金。计算公式分别为：

$$流动资金＝年营业收入额 \times 营业收入资金率 \quad (3-11)$$

$$流动资金＝年经营成本 \times 经营成本资金率 \quad (3-12)$$

$$流动资金＝年产量 \times 单位产量占用流动资金额 \quad (3-13)$$

【解答】

（1）X_2与X_1的比值在0.5~2之间，则指数n的取值近似为1。

1）用生产能力指数法估算拟建工程的工艺设备投资：

工艺设备投资＝$3600 \times (30/25)^1 \times 1.25 ＝ 5400$万元

2）用设备及厂房系数法估算该项目建设投资：

① 与工艺设备有关的投资：

加热炉＝$5400 \times 0.12 ＝ 648$万元

汽化冷却＝$5400 \times 0.01 ＝ 54$万元

余热锅炉＝$5400 \times 0.04 ＝ 216$万元

自动化仪表＝$5400 \times 0.02 ＝ 108$万元

起重设备＝$5400 \times 0.10 ＝ 540$万元

供电与传动＝$5400 \times 0.20 ＝ 1080$万元

② 厂房土建投资＝$5400 \times 1.2 ＝ 6480$万元

与厂房土建有关的投资：

动力系统＝$6480 \times 0.30 ＝ 1944$万元

机修系统＝$6480 \times 0.12 ＝ 777.6$万元

总图运输系统＝$6480 \times 0.20 ＝ 1296$万元

行政及生活福利设施工程＝$6480 \times 0.30 ＝ 1944$万元

项目工程费用＝工艺设备及与之相关投资+厂房土建及与之相关投资+安装工程费

$＝5400 \times 1.49 + 6480 \times 1.92 + 3000 ＝ 23487.6$万元

项目的工程建设其他费用为5000万元。

（2）计算建设投资还需要计算预备费。

1）基本预备费计算：

基本预备费＝(工程费用+工程建设其他费用) $\times 5\%$

$＝(23487.6+5000) \times 5\% ＝ 1424.38$万元

由此得：静态投资＝$23487.6+5000+1424.38 ＝ 29911.98$万元

2）涨价预备费计算：

第1年涨价预备费：$23487.6 \times 30\% \times [(1+3\%)^1-1] = 211.39$ 万元

第2年涨价预备费：$23487.6 \times 50\% \times [(1+3\%)^2-1] = 715.2$ 万元

第3年涨价预备费：$23487.6 \times 20\% \times [(1+3\%)^3-1] = 435.59$ 万元

涨价预备费：$211.39+715.2+435.59 = 1362.18$ 万元

由此得：预备费 $= 1424.38+1362.18 = 2786.56$ 万元

计算结果见表3-4。

拟建项目建设投资估算表（单位：万元） 表3-4

序号	工程费用名称	系数	合计
1	工程费		23487.6
1.1	建筑工程费		12441.6
1.1.1	厂房土建	1.00	6480
1.1.2	动力系统	0.30	1944
1.1.3	机修系统	0.12	777.6
1.1.4	总图运输系统	0.20	1296
1.1.5	行政及生活福利设施	0.30	1944
1.2	设备及工器具购置费		8046
1.2.1	工艺设备	1.00	5400
1.2.2	加热炉	0.12	648
1.2.3	汽化冷却	0.01	54
1.2.4	余热锅炉	0.04	216
1.2.5	自动化仪表	0.02	108
1.2.6	起重设备	0.10	540
1.2.7	供电与传动	0.20	1080
1.3	安装工程费		3000
2	工程建设其他费		5000
	（1+2）		28487.6
3	预备费		2786.56
3.1	基本预备费		1424.38
3.2	涨价预备费		1362.18
项目建设投资合计 =（1+2+3）			31274.16

（3）建设期利息计算：由于各年借款在年中均匀支出，采用公式（3-10）计算利息

第1年贷款利息：$(0+10000 \times 30\% \div 2) \times 6\% = 90$ 万元。

第2年贷款利息：[(10000×30%+90)+(10000×50%÷2)]×6%
              =(3000+90+5000/2)×6%
              =335.4万元
第3年贷款利息：[(3000+90+5000+335.4)+(10000×20%÷2)]×6%
              =(8425.4+2000/2)×6%
              =565.52万元
建设期利息：90+335.4+565.52=990.92万元
（4）流动资金：30×25.75=772.50万元
（5）总投资=建设投资+建设期利息+流动资金
              =31274.16+990.92+772.50
              =33037.58万元

案例 3.2
盛德汽车公司新工厂的建设期利息计算

盛德汽车公司是国内知名电池生产企业与国际一流汽车制造厂商合资成立的电动汽车公司，其推出的S300车型进入市场后，以其卓越的性能、舒适的驾驶体验和超长的行驶里程，迅速获得了消费者的青睐。随着北京、上海、深圳等地对新能源汽车的推广和优惠政策的实施，S300车预计在未来几年内销售量会持续升高，而公司目前的生产能力已经无法满足市场需求，需要继续投资建设新的汽车生产厂。

董事会通过新建厂房的决议后，要求财务总监针对新建汽车生产厂的建设投资及资金成本进行测算。经估算，新的生产车间工程建设费大约为46000万元，预备费为4000万元，建设期为3年，投资比例分别是：第1年25%，第2年50%，第3年25%，第四年投产。整个项目的建设投资来源为自有资金和贷款。为了维持公司现有的资本结构，决定贷款的比例为60%。银行贷款的年利率为8%，所有资金在建设期均匀投入，贷款在项目投产后6年内按等额本息法进行偿还。

【问题】

（1）请计算该项目的建设期利息。
（2）请计算该项目在偿还期每年的本息额。

(3) 请填写还本付息表（表3-5）。(A/P, 8%, 6) = 0.2163。

还本付息表 表3-5

序号	项目＼年份	1	2	3	4	5	6	7	8	9
1	年初累积借款									
2	本年新增借款									
3	本年应计利息									
4	本年还本付息额									
5	其中：本金									
6	利息									

【理论及方法介绍】

1. 建设期利息估算

借款额在建设期各年内均衡发生，建设期利息的计算公式为：

$$Q = \sum_{t=1}^{n} \left[\left(P_{t-1} + \frac{A_t}{2} \right) \times i \right] \quad (3-14)$$

在项目决策分析与评价阶段，一般采用借款额在各年内均衡发生的建设期利息计算公式估算建设期利息；根据项目实际情况，也可采用借款额在各年年初发生的建设期利息计算公式估算建设期利息。

有多种借款资金来源、每笔借款的年利率各不相同的项目，既可分别计算每笔借款的利息，也可先计算出各笔借款加权平均的年利率，并以此年利率计算全部借款的利息。

2. 贷款偿还等额本息法

等额本息法是借款偿还期内每年偿付的本金利息之和是相等的，但每年支付的本金数和利息数均不相等。

$$A = P[A/P, i, n] = P \times \frac{i(1+i)^n}{(1+i)^n - 1} \quad (3-15)$$

式中：A——每年的还本付息额；

P——建设期末的累计借款本金和未付的建设期利息之和；

n——还款期；

i——贷款年利率。

还本付息额中，偿还的本金部分将逐年增多，支付的利息部分将逐年减少。计算公式为：

$$Q_k = R_k \times i \tag{3-16}$$

$$A_k = A - Q_k \tag{3-17}$$

式中：Q_k——每年支付利息额；

R_k——年初借款本息累计；

A_k——每年偿还本金额；

其他符号同前。

3. 等额还本、利息照付方式

等额还本、利息照付方式是在每年等额还本的同时，支付逐年相应减少的利息。还本付息方式计算公式如下：

$$A_t = \frac{I_c}{n} + I_c \times (1 - \frac{t-1}{n}) \times i \tag{3-18}$$

式中：A_t——第t年还本付息额；

$\frac{I_c}{n}$——每年偿还本金额；

$I_c \times (1 - \frac{t-1}{n}) \times i$——第$t$年支付利息额。

【解答】

（1）逐年计算建设期利息：

第一年贷款额＝(46000+4000)×25%×60%＝7500万元

第一年利息＝7500÷2×8%＝300万元

第二年贷款额＝(46000+4000)×50%×60%＝15000万元

第二年利息＝(7500+300+15000÷2)×8%＝1224万元

第三年贷款额＝(46000+4000)×25%×60%＝7500万元

第三年利息＝(7500+300+15000+1224+7500÷2)×8%＝2221.92万元

建设期利息合计＝300+1224+2221.92＝3745.92万元

（2）以建设期贷款和利息总和作为贷款偿还总额。

第四年初累计借款＝7500+15000+7500+3745.92＝33745.92万元

每年还本付息额＝33745.92×(A/P, 8%, 6)＝33745.92×0.2163＝7299.24万元

（3）以第四年为例：

第四年应计利息＝第四年付息额＝33745.92×8%＝2699.67万元

第四年还本额＝7299.24−2699.67＝4599.57万元

第五年初累计借款＝33745.92−4599.57＝29146.35万元

计算结果见表3-6。

还本付息表

表3-6

序号	年份 项目	1	2	3	4	5	6	7	8	9
1	年初累积借款	0.00	7800.00	24024.00	33745.92	29146.35	24178.82	18813.88	13019.75	6762.08
2	本年新增借款	7500.00	15000.00	7500.00						
3	本年应计利息	300.00	1224.00	2221.92	2699.67	2331.71	1934.31	1505.11	1041.58	540.97
4	本年还本付息额				7299.24	7299.24	7299.24	7299.24	7299.24	7299.24
	其中：本金				4599.57	4967.53	5364.94	5794.13	6257.66	6758.28
	利息				2699.67	2331.71	1934.31	1505.11	1041.58	540.97

案例 3.3
数字手机生产车间建设项目的流动资金估算

数字手机公司为消费者生产各种型号的手机,由于所生产的手机质量可靠、价格低廉,公司的市场份额和销售业绩不断增长,为满足日益增长的销售量,公司已于前年开始建设新的生产车间,并于今年达到了设计生产能力。由于新建生产车间投资巨大,公司此时面临着严重的财务困境。

为了了解新建手机生产线约需要的流动资金状况,公司的首席运营官约翰·史密瑟斯找到财务分析师乔丹,并给了乔丹一张表格,说:"这是新生产车间预计的各项费用和员工人数,公司此时的财务状况很糟,我们必须精打细算,我希望你能够认真分析这些数据,并对新车间的流动资金的筹备情况提出自己的意见。""当然。"乔丹回答,听上去有些自信。"我有多长时间?""在感恩节之前的星期一我要看到你的报告,我想把它带回家,假期时看。因为我肯定你不会在假期还留在这里,所以你的解释一定详细些,这样我就可以独自看懂而不需要问你了。"

于是,乔丹回到了自己的办公室,开始仔细地分析史密瑟斯所给的表格。表格中指出,新建车间的员工定员为600人,职员的工资和福利费估算的是每人每年5万元,每年的其他费用为400万元(其中:其他制造费用为280万元);生产产品所需要的年外购原材料、燃料、动力费估算为8600万元;年经营成本为16800万元,全年的营业收入预计为30000万元,年修理费占年经营成本的10%;年预付账款为980万元;年预收账款为2400万元。各项流动资金的最低周转天数分别为:应收账款36天,现金30天,应付账款为36天,存货为40天,预付账款30天,预收账款30天。看完表格之后,乔丹开始采用分项详细估算法详细地计算每一项流动资金……

【问题】

请用分项详细估算法计算该项目的各项流动资金额,并填写流动资金估算表3-7。

流动资金估算表　　　　　　表3-7

序号	项目	最低周转天数（天）	周转次数	金额（万元）
1	流动资产			

续表

序号	项目	最低周转天数（天）	周转次数	金额（万元）
1.1	应收账款			
1.2	存货			
1.2.1	外购原材料、燃料、动力费			
1.2.2	在产品			
1.2.3	产成品			
1.3	现金			
1.4	预付账款			
2	流动负债			
2.1	应付账款			
2.2	预收账款			
3	流动资金（1-2）			

【理论及方法介绍】

流动资金估算：分项详细估算法

分项详细估算法是对流动资产和流动负债主要构成要素，即存货、现金、应收账款、预付账款、应付账款、预收账款等项内容分项进行估算，最后得出项目所需的流动资金数额。计算公式为：

$$流动资金 = 流动资产 - 流动负债 \quad (3-19)$$

$$流动资产 = 应收账款 + 预付账款 + 存货 + 现金 \quad (3-20)$$

$$流动负债 = 应付账款 + 预收账款 \quad (3-21)$$

$$流动资金本年增加额 = 本年流动资金 - 上年流动资金 \quad (3-22)$$

流动资金估算的具体步骤是，首先确定各分项的最低周转天数，计算出各分项的年周转次数，然后再分项估算占用资金额。

（1）各项流动资产和流动负债最低周转天数的确定

采用分项详细估算法估算流动资金，其准确度取决于各项流动资产和流动负债的最低周转天数取值的合理性。在确定最低周转天数时要根据项目的实际情况，并考虑一定的保险系数。如存货中的外购原材料、燃料的最低周转天数应根据不同来源，考虑运输方式、运输距离、设计储存能力等因素分别确定。在产品的最低周转天数应根据产品生产工艺流程的实际情况确定。

（2）年周转次数计算

$$年周转次数 = \frac{360天}{最低周转天数} \tag{3-23}$$

各类流动资产和流动负债的最低周转天数参照同类企业的平均周转天数并结合项目特点确定，或按部门（行业）规定执行。

（3）流动资产估算

流动资产是指可以在1年（含1年）或者超过1年的一个营业周期内变现或耗用的资产，主要包括货币资金、短期投资、应收及预付款项、存货、待摊费用等。为简化计算，项目评价中仅考虑存货、应收账款和现金三项，可能发生预付账款的某些项目，还可包括预付账款。

1）存货估算

存货是指企业在日常生产经营过程中持有以备出售，或者仍然处在生产过程，或者在生产或提供劳务过程中将消耗的材料或物料等，包括各类材料、商品、在产品、半成品、产成品等。为简化计算，项目评价中仅考虑外购原材料、外购燃料、在产品和产成品，对外购原材料和外购燃料通常需要分品种分项进行计算。计算公式为：

$$存货 = 外购原材料 + 外购燃料 + 其他材料 + 在产品 + 产成品 \tag{3-24}$$

$$外购原材料 = \frac{年外购原材料费用}{外购原材料年周转次数} \tag{3-25}$$

$$外购燃料 = \frac{年外购燃料费用}{外购燃料年周转次数} \tag{3-26}$$

$$其他材料 = \frac{年外购其他材料费用}{外购其他材料年周转次数} \tag{3-27}$$

其他材料是指在修理费中核算的备品备件等修理材料，其他材料费用数额不大的项目，也可以不予计算。

$$在产品 = \frac{年外购原材料、燃料、动力费 + 年工资及福利费 + 年修理费 + 年其他制造费用}{在产品年周转次数} \tag{3-28}$$

$$产成品 = \frac{年经营成本 - 年其他营业费用}{产成品年周转次数} \tag{3-29}$$

2）应收账款估算

项目评价中，应收账款的计算公式为：

$$应收账款 = \frac{年经营成本}{应收账款年周转次数} \quad (3-30)$$

应收账款的计算也可用营业收入替代经营成本。考虑到实际占用企业流动资金的主要是经营成本范畴的费用，因此选择经营成本有其合理性。

3）现金估算

项目评价中的现金是指货币资金，即为维持日常生产运营所必须预留的货币资金，包括库存现金和银行存款。项目评价中，现金的计算公式为：

$$现金 = \frac{年工资及福利费 + 年其他费用}{现金年周转次数} \quad (3-31)$$

$$年其他费用 = 制造费用 + 管理费用 + 营业费用 \\ -（以上三项费用中所含的工资及福利费、折旧费、摊销费、修理费） \quad (3-32)$$

或

$$年其他费用 = 其他制造费用 + 其他营业费用 + 其他管理费用 + \\ 技术转让费 + 研究与开发费 + 土地使用税 \quad (3-33)$$

4）预付账款估算

预付账款是指企业为购买各类原材料、燃料或服务所预先支付的款项。项目评价中，预付账款的计算公式为：

$$预付账款 = \frac{预付的各类原材料、燃料或服务年费用}{预付账款年周转次数} \quad (3-34)$$

（4）流动负债估算

流动负债是指将在1年（含1年）或者超过1年的一个营业周期内偿还的债务，包括短期借款、应付账款、预收账款、应付工资、应付福利费、应交税金、应付股利、预提费用等。为简化计算，项目评价中仅考虑应付账款，将发生预收账款的某些项目，还可包括预收账款。

1）应付账款估算

应付账款是因购买材料、商品或接受劳务等而发生的债务，是买卖双方在购销活动中由于取得物资与支付货款在时间上不一致而产生的负债。项目评价中，计算公式为：

$$应付账款 = \frac{年外购原材料、燃料、动力和其他材料费用}{应付账款年周转次数} \quad (3-35)$$

2）预收账款估算

预收账款是买卖双方协议商定，由购买方预先支付一部分货款给销售方，从而形成销售方的负债。项目评价中，预收账款的计算公式为：

$$预收账款 = \frac{预收的营业收入年金额}{预收账款年周转次数} \qquad (3-36)$$

估算流动资金应编制流动资金估算表。

【解答】

（1）首先计算各项流动资金的年周转次数，并填入表3-8：

应收账款年周转次数＝360÷36＝10次

现金年周转次数＝360÷30＝12次

存货年周转次数＝360÷40＝9次

预付账款年周转次数＝360÷30＝12次

应付账款年周转次数＝360÷36＝10次

预收账款年周转次数＝360÷30＝12次

（2）计算流动资产

1）应收账款＝年营业收入÷年周转次数

＝30000÷10＝3000万元

2）现金＝(年工资福利费＋年其他费)÷年周转次数

＝(600×5+400)÷12＝283.33万元

3）存货：

外购原材料、燃料、动力费＝年外购原材料、燃料、动力费÷年周转次数

＝8600÷9＝955.56万元

在产品＝(年工资福利费＋年其他制造费＋年外购原料、燃料费＋年修理费)÷

年周转次数

＝(600×5+280+8600+16800×10%)÷9＝1506.67万元

产成品＝年经营成本÷年周转次数＝16800÷9＝1866.67万元

存货＝(955.56+1506.67+1866.67)＝4328.9万元

4）预付账款＝年预付账款÷年周转次数＝980÷12＝81.67万元

5）流动资产＝应收账款＋现金＋存货＋预付账款

＝3000+283.33+4328.9+81.67＝7693.9万元

（3）计算流动负债

1）应付账款＝外购原材料、燃料、动力费÷年周转次数

＝8600÷10＝860万元

2）预收账款＝年预收账款÷年周转次数＝2400÷12＝200万元

3）流动负债＝应付账款+预收账款＝860+200＝1060万元

（4）计算流动

流动资金＝流动资产-流动负债＝7693.9-1060＝6633.9万元

流动资金估算表　　　　　　　表3-8

序号	项目	最低周转天数（天）	周转次数	金额（万元）
1	流动资产			7693.9
1.1	应收账款	36	10	3000
1.2	存货			4328.9
1.2.1	外购原材料、燃料、动力费	40	9	955.56
1.2.2	在产品	40	9	1506.67
1.2.3	产成品	40	9	1866.67
1.3	现金	30	12	283.33
1.4	预付账款	30	12	81.67
2	流动负债			1060
2.1	应付账款	36	10	860
2.2	预收账款	36	12	200
3	流动资金（1-2）			6633.9

案例 3.4
西南石油公司建设项目的税金估算

西南石油公司是一家上下游一体化的石油公司，主要从事石油和天然气的勘探、开发和炼制，同时也经营石油化工等其他业务。2014年公司开采的主要油田因自然原因开采量锐减，这严重影响了公司的经营业绩，公司的营业收入和股票价格也不断下滑，而且一旦油田枯竭，整个公司将面临前所未有的困境。公司的高层管理者紧急召开董事局会议，商讨对策以求度过眼前的危机。在讨论中，公司的油田勘探事业部经理李某发言给大家带来了曙光。他指出，经过前一阵的勘探，发现在西部某盆地的中部蕴藏着丰富的石油，石油储量达到了近4000万吨，而且该地区地势平坦，植被覆盖，地面条件较好。地区海拔130~160m，年平均气温15℃，交通便利，可以考虑在那里新建油田开发基地，丰富的石油储量可以为公司的发展带来美好的前景。李某的话刚说完，就迎来了董事会成员的一致赞同，并要求公司的财务总监戴某与李某一起制定一个详细的投资计划和项目财务评价的方案。戴某经过认真分析，向董事会提交了报告。

在报告中，预计项目建设期为2年，生产期拟定为15年。整个项目建设投资12000万元，其中固定资产费用9100万元（含可抵扣的固定资产进项税1240万元），无形资产费用650万元，其他资产费用450万元。建设投资在建设期第1年和第2年分别按60%和40%的比例均匀投入。生产期第1年需要流动资金600万元，达产年份需要850万元，流动资金在各年年初投入。建设期各年建设投资的35%由资本金投入，其余由银行贷款在各年均匀投入，贷款年利率为7%，每年计息一次。建设期内不支付利息，自投产后4年内采取等额还本、利息照付方式偿还贷款。流动资金的30%来自资本金；70%来自银行贷款，贷款年利率6%，每年计息一次，生产期不偿还流动资金借款。本项目固定资产折旧年限为15年，按平均年限法计提折旧，残值率为5%。无形资产在10年内平均摊销，其他资产在5年内平均摊销。项目投产第1年达到设计生产能力的70%，第2年起各年均达到设计生产能力。达产年营业收入为23000万元，经营成本为5600万元，其中4800万元为原材料、辅助材料和燃料动力等可变成本。以上收入、成本数据均为含税价格。本项目适用的增值税税率为17%，附加税按增值税的10%计算，企业所得税税率为25%，建设期利息计入固定资产。

【问题】

请根据戴某所提供的报告内容进行以下计算：
（1）计算项目的建设期利息。
（2）计算项目总投资（含全部流动资金）。
（3）计算项目计算期第3年的增值税及附加税。
（注：计算结果保留两位小数）

【理论及方法介绍】

1. 增值税

对适用增值税的项目，财务分析应按税法规定计算增值税。

2009年1月1日起，我国开始施行2008年11月颁布的《中华人民共和国增值税暂行条例》，由过去的生产型增值税改革为消费型增值税，允许抵扣规定范围的固定资产进项税额。财务分析中应按规定正确计算可抵扣固定资产的增值税。

《中华人民共和国增值税暂行条例》规定："在中华人民共和国境内销售货物或者提供加工、修理修配劳务以及进口货物的单位和个人，为增值税的纳税人，应当依照本条例缴纳增值税。"纳税人销售货物或者提供应税劳务（以下简称"销售货物或者应税劳务"），应纳税额为当期销项税额抵扣当期进项税额后的余额。应纳税额计算公式为：

$$应纳税额＝当期销项税额－当期进项税额 \quad (3-37)$$

当期销项税额小于当期进项税额不足抵扣时，其不足部分可以结转下期继续抵扣。销项税额计算公式为：

$$销项税额＝销售额×税率 \quad (3-38)$$

销售额为纳税人销售货物或者应税劳务向购买方收取的全部价款和价外费用，但是不包括收取的销项税额。

"纳税人购进货物或者接受应税劳务（以下简称"购进货物或者应税劳务"）支付或者负担的增值税额，为进项税额。下列进项税额准予从销项税额中抵扣：

（1）从销售方取得的增值税专用发票上注明的增值税额。

（2）从海关取得的海关进口增值税专用缴款书上注明的增值税额……"

《中华人民共和国增值税暂行条例》还规定，"非增值税应税项目、免征增值税项目、集体福利或者个人消费的购进货物或者应税劳务"的进项税额不得从销项税额中抵扣。所谓非增值税应税项目，是指提供非增值税应税劳务、转让无形资产、销售不动产和不动产在建工程。不动产是指不能移动或者移动后会引起性质、形状改变的财产，包括建筑物、构筑物和其他土地附着物。纳税人新建、改建、扩建、修缮、装饰不动产，均属于不动产在建工程。

据此，财务分析中可抵扣固定资产增值税仅包括设备、主要安装材料的进项税额。

2．城市维护建设税、教育费附加和地方教育附加

简称附加税，为简化计算可合并计税。

（1）城市维护建设税

以纳税人实际缴纳的增值税、营业税和消费税税额为计税依据，分别与增值税、营业税和消费税同时缴纳。城市维护建设税税率根据纳税人所在地不同而不同，在市区，在县城或镇，不在市区、县城或镇，税率分别为7%、5%或1%。

（2）教育费附加

以各单位和个人实际缴纳的增值税、营业税和消费税税额为计征依据，教育费附加费率为3%，分别与增值税、营业税、消费税同时缴纳。

（3）地方教育附加

为贯彻落实《国家中长期教育改革和发展规划纲要（2010-2020年）》，进一步规范和拓宽财政性教育经费筹资渠道，支持地方教育事业发展，根据国务院有关工作部署和具体要求,2010年财政部发布《关于统一地方教育附加政策有关问题的通知》(财

综[2010]98号）。一是要求统一开征地方教育附加，二是统一地方教育附加征收标准。地方教育附加征收标准统一为单位和个人（包括外商投资企业、外国企业及外籍个人）实际缴纳的增值税、营业税和消费税税额的2%。

（4）根据《国务院关于统一内外资企业和个人城市维护建设税和教育费附加制度的通知》（国发[2010]35号）的规定，自2010年12月1日起，对外商投资企业、外国企业及外籍个人征收城市维护建设税和教育费附加。

【解答】

（1）逐年计算建设期利息

第1年建设期利息：$12000 \times (1-35\%) \times 60\% \div 2 \times 7\% = 163.8$万元。

第2年建设期利息：$(12000 \times 65\% \times 60\% + 163.8 + 12000 \times 65\% \times 40\% \div 2) \times 7\% = 448.27$万元。

建设期利息：$163.8 + 448.27 = 612.07$万元。

（2）项目总投资 ＝建设投资+建设期利息+流动资金
$$= 12000 + 612.07 + 850 = 13462.07 \text{万元}。$$

（3）要先转换成不含税价格，再分别计算销项税额和进项税额，并扣除可抵扣部分再计算增值税。

第3年销项税额：$23000 \times 70\% \times 17\% \div (1+17\%) = 2339.32$万元。

第3年进项税额：$4800 \times 70\% \times 17\% \div (1+17\%) = 488.21$万元。

因为$2339.32 - 488.21 = 1851.11 > 1240$

所以第3年增值税：$2339.32 - 488.21 - 1240 = 611.11$万元。

第3年税金及附加：$611.11 \times 10\% = 61.11$万元。

案例 3.5
蓝天大酒店建设项目的融资方案评估

厦门蓝天大酒店系由中外合资兴办的三星级商务酒店，于1982年2月22日在厦门市注册登记，经营项目为客房、中餐厅、西餐厅、卡拉OK歌舞厅、美容美发厅、商场、会议接待、车队等。厦门蓝天大酒店地处湖里区金融商业密集区，周围商家云集，交通便利，属湖里行政区划内的政治、经济、文化、娱乐中心，具有得天独厚的区位优势。

根据厦门市三星级以上酒店营业统计报表显示，蓝天酒店的平均入住率和平均房价指标在三星级酒店同业中居中上水平，但客房规模偏小，客房收入总量在所有酒店中是最低的。同时，现有的三星级酒店的主要营业指标与四、五星级酒店相比也有较大的差距，因此扩大酒店规模，提高酒店服务档次是提升酒店竞争力和盈利水平的必由之路。

经过公司董事会的最终决议，决定在两年之内对酒店现有客房进行扩建，预计建设期需要两年，整个建设的工程费用（含建筑工程费、设备购置费及安装工程费）经初步估算预计为15000万元，工程建设其他费用为3400万元，基本预备费费率为6%，建设期内年平均物价上涨指数为5%。据估算，建设投资各年用款比例：第1年为55%，第2年为45%；均匀投入。流动资金估算为1000万元，分别在生产期第1年投入60%，第二年投入40%。

在资金筹措方面：建设期各年资本金投入均占建设投资的40%，其余为银行贷款。贷款限期2年（即建设期内不还本金），自投产后5年内采取等额还本方式还清全部贷款，贷款利息当年支付，贷款年利率为6%。流动资金全部来源于项目资本金。

【问题】

（1）请估算项目总投资。

（2）请计算项目运营阶段每年还本付息额度，并填写项目还本付息表（表3-9）。

（3）需要筹措的项目资本金总额是多少？筹措项目资本金可以有哪些途径？

还本付息表（单位：万元） 表3-9

序号	项目＼年份	1	2	3	4	5	6	7
1	年初累积借款							
2	本年新增借款							
3	本年应计利息							
4	本年应还本金							
5	本年应还利息							

【理论及方法介绍】

1. 项目资金的来源

权益融资和负债融资是现代融资的重要分类，是设计融资方案、分析融资结构及财务杠杆的重要基础。

（1）权益融资

权益融资是指以所有者的身份投入的非负债性资金的方式所进行的融资。权益融资形成企业的"所有者权益"和项目的"资本金"。我国的项目资本金制度规定国内投资建设的项目必须按照国务院规定筹集必要的资本金，杜绝"无本项目"的存在。因此，权益融资在我国项目资金筹措中具有强制性。权益融资具有以下特点：

1）权益融资筹措的资金具有永久性特点，无到期日，不需归还。项目资本金是保证项目投资对资金的最低需求，是维持项目长期稳定运营的基本前提。

2）没有固定的按期还本付息的压力。股利的支付与否和支付多少，视项目投产运营后的实际经营效果而定，因此项目企业法人的财务负担相对较小，融资风险较低。

3）权益融资是负债融资的基础。权益融资是项目投资最基本的资金来源，它体现着项目所依托的企业法人的实力，是其他融资方式的基础。尤其可为债权人提供保障，增强公司的举债能力。

（2）负债融资

负债融资是指通过银行贷款、发行债券等负债融资方式所筹集的资金。负债融资是建设项目资金筹措的重要形式。根据国家有关实行建设项目法人责任制的要求，项目投资所依托的企业法人必须承担为建设项目筹集资金、并为负债融资按时还本付息的责任。负债融资的特点主要体现在：

1）筹集的资金在使用上具有时间性限制，必须按期偿还。

2）无论项目企业法人今后经营效果好坏，均需要固定支付债务利息，从而形成项目企业法人今后的财务负担。

3）资金成本一般比权益融资低，且不会分散对项目未来权益的控制权。

【解答】

（1）总投资＝建设投资+建设期利息+流动资金

1）计算建设投资

工程费用＝15000万元

工程建设其他费用＝3400万元

基本预备费＝(15000+3400)×6%＝1104万元

第一年涨价预备费＝15000×55%×[(1+5%)−1]＝412.5万元

第二年涨价预备费＝15000×45%×[(1+5%)^2−1]＝691.88万元

涨价预备费＝412.5+691.88＝1104.38万元

该项目的建设投资＝15000+3400+1104+1104.38＝20608.38万元

2）计算建设期利息

第1年的建设投资＝20608.38×55%＝11334.61万元。

第1年投入的资本金＝11334.61×40%＝4533.84万元。

第1年需要的借款＝11334.61-4533.84＝6800.77万元。

第1年的建设期利息＝6800.77÷2×6%＝204.02万元。

第2年的建设投资＝20608.38×45%＝9273.77万元。

第2年投入的资本金＝9273.77×40%＝3709.51万元。

第2年需要的借款＝9273.77-3709.51＝5564.26万元。

第2年的建设期利息＝(6800.77+204.02+5564.26÷2)×6%＝587.22万元。

该项目的建设期利息＝204.02+587.22＝791.24万元。

该项目的建设投资（含建设期利息)＝15000+3400+1104+1104.38+791.24＝21399.62万元

3）计算流动资金

流动资金1000万元。

4）计算项目总投资

总投资＝建设投资+建设期利息+流动资金＝21399.62+1000＝22399.62万元

（2）运营期每年偿还本金＝(6800.77+5564.26+791.24)÷5＝2631.25万元

具体计算结果见表3-10。

还本付息表（单位：万元） 表3-10

序号	年份 项目	1	2	3	4	5	6	7
1	年初累积借款		7004.79	13156.26	10525.01	7893.76	5262.51	2631.25
2	本年新增借款	6800.76	5564.26					
3	本年应计利息	204.02	587.22	789.38	631.50	473.63	315.75	157.88
4	本年应还本金			2631.25	2631.25	2631.25	2631.25	2631.25
5	本年应还利息			789.38	631.50	473.63	315.75	157.88

（3）需要筹措的项目资本金总额＝4533.84+3709.51+1000＝9243.35万元

筹措项目资本金的途径：企业的现金、未来生产经营中获得的可用于项目的资金、企业资产变现、企业产权转让、企业增资扩股、优先股等。

案例 3.6
KS汽车配件厂的固定资产折旧计算

进入21世纪以来，随着全球油价的持续上涨，汽车行业整体业绩增长乏力。为了降低油价上涨对汽车销售量的影响，各大汽车生产商都在努力寻找能够降低汽车油耗的新技术。KS 汽车公司董事长敏锐地觉察到了这一潜在的商机，他要求公司的研发部门尽快研发降低汽车油耗的新技术。功夫不负有心人，在研发部门的不断努力下，终于找到了使汽车百公里耗油量降低10%的新技术。研发部负责人斯蒂芬怀着万分激动的心情奔向了董事长的办公室。斯蒂芬告诉董事长，只要在汽车油箱上安上这样一个小部件，就可以收到意想不到的节油效果。董事长在向斯蒂芬深入了解此项技术的可靠性之后，决定投资进行此部件的批量生产。

经过财务部门的估算，此项目的厂房和设备的投资大约为150万元，预计投产后的年营业收入为100万元，年经营成本大约为45万元，税金及附加为6万元。按照公司现有的资本结构向银行贷款，年贷款利息大约为5万元。考虑到设备的经济寿命，项目的计算期为7年，预定计算期结束后固定资产期末残值率为5%。现行企业所得税税率为25%。

【问题】

（1）试分别按照平均年限法和双倍余额递减法计算固定资产折旧。

（2）计算两种折旧方法下，项目各年的应纳所得税额及全投资净现金流量（请列出固定资产折旧的计算公式并填表3-11）。

各年折旧情况　　　　　　　表3-11

项目＼年份	1	2	3	4	5	6	7
营业收入							
经营成本							
税金及附加							
利息							

续表

项目	年份	1	2	3	4	5	6	7
平均年限法	折旧额							
	税前利润							
	所得税							
	税后利润							
	净现金流量							
双倍余额法	折旧额							
	税前利润							
	所得税							
	税后利润							
	净现金流量							

【理论及方法介绍】

1. 固定资产折旧方法

（1）平均年限法

平均年限法亦称直线法，即根据固定资产的原值、估计的净残值率和折旧年限计算折旧。其计算公式为：

$$年折旧额 = 固定资产原值 \times \frac{1-预计净残值率}{折旧年限} \qquad (3-39)$$

1）固定资产原值是根据固定资产投资额、预备费、投资方向调节税和建设期利息计算求得。

2）预计净残值率是预计的企业固定资产净残值与固定资产原值的比率，根据行业会计制度规定，企业净残值率按照固定资产原值3%~5%确定。

（2）工作量法

对于下列专用设备可采用工作量法计提折旧：

1）交通运输企业和其他企业专用车队的客货运汽车，按照行驶里程计算折旧费。其计算公式如下：

$$单位里程折旧额 = 原值 \times \frac{1-预计净残值率}{总行驶里程} \qquad (3-40)$$

$$年折旧额 = 单位里程折旧额 \times 年行驶里程$$

2）大型专用设备，可根据工作小时计算折旧费。

其计算公式如下：

$$每工作小时折旧额 = 原值 \times \frac{1-预计净残值率}{总工作小时} \quad (3-41)$$

$$年折旧额 = 每工作小时折旧额 \times 年工作小时$$

（3）加速折旧法

加速折旧法又称递减折旧费用法。指在固定资产使用前期提取折旧较多，在后期提得较少，使固定资产价值在使用年限内尽早得到补偿的折旧计算方法。

1）双倍余额递减法

双倍余额递减法是以平均年限法确定的折旧率的双倍乘以固定资产在每一会计期间的期初账面净值，从而确定当期应提折旧的方法。其计算公式为：

$$年折旧率 = \frac{2}{折旧年限} \times 100\% \quad (3-42)$$

$$年折旧额 = 年初固定资产账面原值 \times 年折旧率$$

实行双倍余额递减法的固定资产，应当在其固定资产折旧年限到期前两年内，将固定资产净值扣除预计净残值后的净额平均摊销。

2）年数总和法

年数总和法是以固定资产原值扣除预计净残值后的余额作为计提折旧的基础，按照逐年递减的折旧率计提折旧的一种方法。采用年数总和法的关键是每年都要确定一个不同的折旧率。其计算公式为：

$$年折旧率 = \frac{折旧年限-已使用年数}{折旧年限 \times (折旧年限+1) \div 2} \times 100\% \quad (3-43)$$

$$年折旧额 = (固定资产原值-预计净残值) \times 年折旧率$$

【解答】

1. 折旧

1）平均年限法：年折旧额 = 150 × (1-5%) ÷ 7 = 20.36万元

2）双倍余额递减法：

年折旧率 = 2 ÷ 7 × 100% = 28.57%

第1年折旧额 = 150 × 28.57% = 42.86万元

第2年折旧额 = (150-42.86) × 28.57% = 30.61万元

第3年折旧额 = (150-42.86-30.61) × 28.57% = 21.87万元

第4年折旧额 = (150-42.86-30.61-21.86) × 28.57% = 15.62万元

第5年折旧额=(150−42.86−30.61−21.86−15.62)×28.57%=11.16万元

第6、7年折旧额=(150−42.86−30.61−21.86−15.62−11.16−150×5%)÷2=10.20万元

2. 第7年的现金流入要包括回收的固定资产净残值

1）以第1年为例求两种折旧方法下的应纳所得税额及全投资净现金流量

①平均年限法

税前利润＝营业收入−经营成本−税金及附加−利息−折旧额
　　　　＝100−45−6−5−20.36=23.64万元

所得税＝税前利润×所得税税率=23.64×25%=5.91万元

税后利润＝税前利润−所得税=23.64−5.91=17.73万元

净现金流量＝税后利润+折旧额=17.73+20.36=38.09万元

②双倍余额递减法

税前利润＝营业收入−经营成本−税金及附加−利息−折旧额
　　　　＝100−45−6−5−42.86=1.14万元

所得税＝税前利润×所得税税率=1.14×25%=0.29万元

税后利润＝税前利润−所得税=1.14−0.29=0.86万元

净现金流量＝税后利润+折旧额=0.86+42.86=43.72万元

第2、3、4、5、6年两种折旧方法下的应纳所得税额及全投资净现金流量计算方法与第1年相同。

2）第7年为例求两种折旧方法下的应纳所得税额及全投资净现金流量

①平均年限法

税前利润＝营业收入−经营成本−税金及附加−利息−折旧额
　　　　＝100−45−6−5−20.36=23.64万元

所得税＝税前利润×所得税税率=23.64×25%=5.91万元

税后利润＝税前利润−所得税=23.64−5.91=17.73万元

净现金流量＝税后利润+折旧额=17.73+20.36+150×5%=45.59万元

②双倍余额递减法

税前利润＝营业收入−经营成本−税金及附加−利息−折旧额
　　　　＝100−45−6−5−10.20=33.80万元

所得税＝税前利润×所得税税率=33.80×25%=8.45万元

税后利润＝税前利润−所得税=33.80−8.45=25.35万元

净现金流量＝税后利润+折旧额=25.35+10.20+150×5%=43.05万元

计算结果见表3-12。

各年折旧情况（单位：万元） 表3-12

年份 项目		1	2	3	4	5	6	7
营业收入		100	100	100	100	100	100	100
经营成本		45	45	45	45	45	45	45
税金及附加		6	6	6	6	6	6	6
利息		5	5	5	5	5	5	5
平均年限法	折旧额	20.36	20.36	20.36	20.36	20.36	20.36	20.36
	税前利润	23.64	23.64	23.64	23.64	23.64	23.64	23.64
	所得税	5.91	5.91	5.91	5.91	5.91	5.91	5.91
	税后利润	17.73	17.73	17.73	17.73	17.73	17.73	17.73
	净现金流量	38.09	38.09	38.09	38.09	38.09	38.09	45.59
双倍余额法	折旧额	42.86	30.61	21.87	15.62	11.16	10.20	10.20
	税前利润	1.14	13.39	22.13	28.38	32.84	33.80	33.80
	所得税	0.29	3.35	5.53	7.10	8.21	8.45	8.45
	税后利润	0.86	10.04	16.60	21.29	24.63	25.35	25.35
	净现金流量	43.72	40.65	38.47	36.90	35.79	35.55	43.05

案例 3.7
HN集团油脂厂建设项目总成本费用估算

HN集团是一家加工大豆的大型工业集团，其前身是成立于1989年的一家油脂厂，在"建立现代企业试点改造"中进行了两次股权变动形成了集团公司。HN集团体制改革十多年来，实现了飞速发展，从年加工大豆2万多吨增长到年加工大豆22万吨，销售额约7亿元，年创利3000万元左右。

为了进一步发展，HN集团准备兴建一个日加工能力1000万吨以上的大型油脂厂，大概需要几千万元的投资，这项关系到集团生存发展的投资计划是否可行呢？为了慎重起见，HN集团委托北京多星企业管理咨询，对这一项目进行论证和评价。多星企业管理咨询公司的专家咨询组利用两个月的时间对该油脂厂建设项目进行了详细的市场调查和财务分析。

经调查估计，工厂的建设期大约为2年，根据设备的经济寿命预计工厂的运营期为8年，整个项目的建设投资（不含建设期利息）总额为4700万元，预计全部形成固定资产。固定资产的折旧年限为8年，按平均年限法计提折旧，残值率为5%，在项目运营期末收回余值。根据公司现有的资本结构以及现有工厂的生产销售情况，此项目的资金投入、收入及成本情况如表3-13所示。建设投资贷款年利息率为10%，按季计息，建设期只计息不还款；还款方式为运营期（前6年）按每年等额本息（本金与利息之和）偿还，利息按年收取。

建设项目资金投入、收益及成本情况表（单位：万元） 表3-13

序号	年份 / 项目		1	2	3	4~10
1	建设投资	自有资金	1410	940		
		贷款	1410	940		
2	流动资金（自有）				250	200
3	年营业收入				4960	5300
4	年经营成本				3000	3200

【问题】

如果你是北京多星企业管理咨询公司的一员，试根据现有的调查结果编制此项目总成本费用估算表及还本付息表（表3-14、表3-15）。(A/P，10.38%，6)=0.2322

总成本费用估算表（单位：万元） 表3-14

序号	项目	生产期（运营期）							
		3	4	5	6	7	8	9	10
1	经营成本								
2	折旧费								
3	财务费用								
3.1	长期贷款利息								
4	总成本费用								

还本付息表（单位：万元）　　　　　表3-15

序号	项目	生产期（运营期）							
		1	2	3	4	5	6	7	8
1	期初本息累计								
2	新增贷款额								
3	当年应计利息								
4	当年还本付息								
4.1	还本								
4.2	付息								

【理论及方法介绍】

1. 总成本费用估算

（1）成本与费用的概念

按照《企业会计准则——基本准则》（2006），费用是指企业在日常活动中发生的、会导致所有者权益减少的、与向所有者分配利润无关的经济利益的总流出。费用只有在经济利益很可能流出从而导致企业资产减少或者负债增加，且经济利益的流出额能够可靠计量时才能予以确认。企业为生产产品、提供劳务等发生的费用可归属于产品成本、劳务成本；其他复合费用确认要求的支出，应当直接作为当期损益列入利润表（主要有管理费用、财务费用和营业费用）。在项目财务分析中，为了对运营期间的总费用一目了然，将管理费用、财务费用和营业费用这三项期间费用与生产成本合并为总成本费用。这是财务分析相对会计规定所做的不同处理，但并不会因此影响利润的计算。

（2）成本与费用的种类

项目决策分析与评价中，成本与费用按其计算范围可分为单位产品成本和总成本费用；按成本与产量的关系分为固定成本和可变成本；按会计核算的要求有生产成本（或称制造成本）和期间费用；按财务分析的特定要求有经营成本。

（3）成本与费用估算要求

1）成本与费用的估算，原则上应遵循国家现行《企业会计准则》和（或）《企业会计制度》规定的成本和费用核算方法，同时应遵循有关税收法规中准予在所得税前列支科目的规定。当两者有矛盾时，一般应按从税的原则处理。

2）结合运营负荷，分年确定各种投入的数量，注意成本费用与收入的计算口径对应一致。

3）合理确定各项投入的价格，并注意与产出价格体系的一致性。

4）各项费用划分清楚，防止重复计算或低估漏算。

5）成本费用估算的行业性很强，应注意根据项目具体情况增减其构成科目或改变名称，反映行业特点。

（4）总成本费用估算

1）总成本费用构成与计算式

总成本费用是指在一定时期（项目评价中一般指一年）为生产和销售产品或提供服务而发生的全部费用。财务分析中总成本费用的构成和计算通常由以下两种公式表达：

①生产成本加期间费用法：

$$总成本费用 = 生产成本 + 期间费用 \qquad (3-44)$$

$$生产成本 = 直接材料费 + 直接燃料和动力费 + 直接工资或薪酬^{①}$$
$$+ 其他直接支出 + 制造费用 \qquad (3-45)$$

$$期间费用 = 管理费用 + 财务费用 + 营业费用 \qquad (3-46)$$

项目评价中财务费用一般只考虑利息支出，上式可改写为：

$$期间费用 = 管理费用 + 利息支出 + 营业费用 \qquad (3-47)$$

采用这种方法一般需要先分别估算各种产品的生产成本，然后与估算的管理费用、利息支出和营业费用相加。

②生产要素估算法：

$$总成本费用 = 外购原材料、燃料及动力费 + 工资或薪酬 + 折旧费$$
$$+ 摊销费 + 修理费 + 利息支出 + 其他费用 \qquad (3-48)$$

企业财务核算中，制造费用、管理费用和营业费用中均包括多项费用，且行业间不尽相同。为了估算简便，财务分析中可将其归类估算，式（3-48）中其他费用系指由这三项费用中分别扣除工资或薪酬、折旧费、摊销费、修理费以后的其余部分。

生产要素估算法是从估算各种生产要素的费用入手，汇总得到项目总成本费用，而不管其具体应归集到哪个产品上。即将生产和销售过程中消耗的全部外购原材料、燃料及动力等费用要素加上全部工资或薪酬、当年应计提的全部折旧费、摊销费以及利息支出和其他费用，构成项目的总成本费用。采用这种估算方法，不必考虑项目内部各生产环节的成本结转，同时也较容易计算可变成本、固定成本和增值税进项税额。

2）总成本费用各分项的估算要点

下面以生产要素估算法总成本费用构成公式为例，分步说明总成本费用各分项的

---

① 该项在以往会计科目中一直被称为"工资及福利费"。2006年《企业会计准则》改为"职工薪酬"。至今两种称谓都有应用，故此处简称为"工资或薪酬"。

估算要点。

①外购原材料、燃料及动力费。

外购原材料和燃料动力费的估算需要以下基础数据：

a. 相关专业所提出的外购原材料和燃料动力年耗用量。

b. 选定价格体系下的预测价格，应按入库价格计算，即到厂价格并考虑途库耗；或者按到厂价格计算，同时把途库耗量换算到年耗用量中。

c. 适用的增值税税率，以便估算进项税额。

②工资或薪酬

工资和福利费是成本费用中反映劳动者报酬的科目，是指企业为获得职工提供的服务而给予各种形式的报酬以及福利费，通常包括职工工资、奖金、津贴和补贴以及职工福利费。

按照生产要素估算法估算总成本费用时，所采用的职工人数为项目全部定员。

执行《企业会计准则》的项目（企业），应当用"职工薪酬"代替"工资和福利费"。职工薪酬包括：

a. 职工工资、奖金、津贴和补贴；

b. 职工福利费；

c. 医疗保险费、养老保险费、失业保险费、工伤保险费和生育保险费等社会保险费；

d. 住房公积金；

e. 工会经费和职工教育经费；

f. 非货币性福利；

g. 因解除与职工的劳动关系给予的补偿；

h. 其他与获得职工提供的服务相关的支出。

可见职工薪酬包含的范围大于工资和福利费，如原在管理费用中核算的由企业缴付的社会保险费和住房公积金以及工会经费和职工教育经费等都属于职工薪酬的范畴。实际工作中，当用"职工薪酬"代替"工资和福利费"时，应注意核减相应的管理费用。

按照《企业会计准则》的要求，职工薪酬应当根据职工提供服务的受益对象，区分下列情况处理：

a. 生产产品、提供劳务负担的职工薪酬，计入产品成本或劳务成本。

b. 其他职工薪酬，计入当期损益。

在项目评价中，当采用生产要素法估算总成本费用时，公式中的职工薪酬是指项目全部定员的职工薪酬。

确定工资或薪酬时需考虑以下因素：

a. 项目地点。工资或薪酬水平随地域的不同会有差异，要注意考虑地域的不同对工资水平的影响，项目评价中对此应有合理反映。

b. 原企业工资水平。对于依托老厂建设的项目，在确定单位工资或薪酬时，需要将原企业工资或薪酬水平作为参照系。

c. 行业特点。不同行业的工资或薪酬水平可能有较大差异，确定单位工资或薪酬时需考虑行业特点，参照同行业企业薪酬标准。

d. 平均工资或分档工资或薪酬。根据不同项目的需要，财务分析中可视情况选择按项目全部人员年工资或薪酬的平均数值计算，或者按照人员类型和层次的不同分别设定不同档次的工资或薪酬进行计算。如采用分档工资或薪酬，最好编制工资或薪酬估算表。

③固定资产原值和折旧费

具体参见案例3.6。

④固定资产修理费

固定资产修理费是指为保持固定资产的正常运转和使用，充分发挥其使用效能，在运营期内对其进行必要修理所发生的费用，按其修理范围的大小和修理时间间隔的长短可以分为大修理和中小修理。

项目决策分析与评价中修理费可直接按固定资产原值（扣除所含的建设期利息）的一定百分数估算，百分数的选取应考虑行业和项目特点。

按照生产要素估算法估算总成本费用时，计算修理费的基数应为项目全部固定资产原值（扣除所含的建设期利息）。

⑤无形资产摊销费

无形资产是指企业拥有或者控制的没有实物形态的可辨认非货币性资产，包括专利权、非专利技术、商标权、著作权、土地使用权和特许权等。项目决策分析与评价中可以将项目投资中包括的专利及专有技术使用费、土地使用权费、商标权费等费用直接转入无形资产原值。但房地产开发企业开发商品房时，相关的土地使用权账面价值应当计入所建造的房屋建筑物成本。

按照有关规定，无形资产从开始使用之日起，在有效使用期限内平均摊入成本。法律和合同规定了法定有效期限或者受益年限的，摊销年限可从其规定，同时注意摊销年限应符合税法关于所得税前扣除的有关要求。无形资产的摊销一般采用年限平均法，不计残值。

⑥其他资产摊销费

其他资产原称递延资产，是指除固定资产、无形资产和流动资产之外的其他资产。关于建设投资中哪些费用可转入其他资产，有关制度和规定中不完全一致。项目决策分析与评价中可将生产准备费、办公和生活家具购置费等开办费性质的费用直接形成其他资产。其他资产的摊销也采用年限平均法，不计残值，其摊销年限应注意符合税法的要求。

⑦其他费用

其他费用包括其他制造费用、其他管理费用和其他营业费用这三项费用，是指由制造费用、管理费用和营业费用中分别扣除工资或薪酬、折旧费、摊销费和修理费等以后的其余部分。

⑧利息支出

按照现行财税规定，可以列支于总成本费用的是财务费用，是指企业为筹集所需资金等而发生的费用，包括利息支出（减利息收入）、汇兑损失（减汇兑收益）以及相关的手续费等。在项目决策分析与评价中，一般只考虑利息支出。利息支出的估算包括长期借款利息（即建设投资借款在投产后需支付的利息）、用于流动资金的借款利息和短期借款利息三部分。

a. 建设投资借款利息

具体参见案例3.2。

b. 流动资金借款利息

项目评价中估算的流动资金借款从本质上说应归类为长期借款，但财务分析中往往设定年终偿还、下年初再借的方式，并按一年期利率计息。现行银行流动资金贷款期限分为短期（1年以内）、中期（1年以上至3年），财务分析中也可以根据情况选用适宜的利率。

财务分析中对流动资金的借款偿还一般设定在计算期最后一年，也可在还完建设投资借款后安排。流动资金借款利息一般按当年年初流动资金借款余额乘以相应的借款年利率计算。

c. 短期借款利息

项目决策分析与评价中的短期借款是指项目运营期间为了满足资金的临时需要而发生的短期借款，短期借款的数额应在财务计划现金流量表中有所反映，其利息应计入总成本费用表的利息支出中。计算短期借款利息所采用的利率一般可为一年期借款利率。短期借款的偿还按照随借随还的原则处理，即当年借款尽可能于下年偿还。

（5）经营成本

经营成本是项目决策分析与评价的现金流量分析中所采用的一个特定的概念，作为运营期内的主要现金流出。

经营成本与融资方案无关。因此在完成建设投资和营业收入估算后，就可以估算经营成本，为项目融资前的现金流量分析提供数据。

经营成本的构成可用下式表示：

经营成本＝外购原材料费+外购燃料及动力费+工资或薪酬+修理费+其他费用

（3-49）

经营成本与总成本费用的关系如下：

经营成本＝总成本费用−折旧费−摊销费−利息支出 （3-50）

【解答】

以第3年为例：

（1）将经营成本填写在表3-16中。

（2）计算财务费用

年实际利率＝$(1+10\%/4)^4-1=10.38\%$

1）第1年利息＝$(0+1410/2)\times 10.38\%=73.18$万元

2）第2年利息＝$(1410+73.18+940/2)\times 10.38\%=202.74$万元

3）第3年期初累计借款＝1410+940+73.18+202.74＝2625.92万元

4）每年等额偿还的本金与利息和＝$2625.92\times (A/P,10.38\%,6)$

$=2625.92\times 0.2322=609.74$万元

5）第3年利息＝$2625.92\times 10.38\%=272.57$万元

（3）计算折旧费

固定资产原值＝4700+73.18+202.74＝4975.92万元

各年的固定资产折旧额＝$4975.92\times(1-5\%)/8=590.89$万元

（4）计算总成本费用，见表3-16、表3-17。

总成本费用估算表（单位：万元） 表3-16

序号	项目	生产期（运营期）							
		3	4	5	6	7	8	9	10
1	经营成本	3000.00	3200.00	3200.00	3200.00	3200.00	3200.00	3200.00	3200.00
2	折旧费	590.89	590.89	590.89	590.89	590.89	590.89	590.89	590.89
3	财务费用	272.57	237.57	198.94	156.30	109.23	57.28		
3.1	贷款利息	272.57	237.57	198.94	156.30	109.23	57.28		
4	总成本费用	3863.46	4028.46	3989.83	3947.19	3900.12	3848.17	3790.89	3790.89

还本付息表（单位：万元）　　　　　　　　表3-17

序号	项目	生产期（运营期）							
		1	2	3	4	5	6	7	8
1	期初本息累计		1483.18	2625.92	2288.75	1916.58	1505.79	1052.35	551.85
2	新增贷款额	1410.00	940.00						
3	当年应计利息	73.18	202.74	272.57	237.57	198.94	156.30	109.23	57.28
4	当年还本付息			609.74	609.74	609.74	609.74	609.74	609.74
4.1	还本			337.17	372.17	410.80	453.44	500.50	552.46
4.2	付息			272.57	237.57	198.94	156.30	109.23	57.28

案例 3.8
龙创电脑公司芯片生产项目的现金流量估算

龙创电脑公司是一家规模很大的台式电脑生产制造公司。公司的创始人李某拥有睿智的头脑和敏锐的市场洞察力，在他的带领下，龙创公司的市场份额和销售业绩不断增长，在行业内的影响力不断增大。而且，李某是一个极具野心的领导者，三年前他制定的公司战略目标是在2020年拥有整个中国台式电脑市场60%的市场份额。按照当时公司的发展速度来看，李某的想法并非不切实际。

但是，好景不长，与公司合作多年的电脑主要芯片供应商康博公司由于财务危机濒临破产，公司的生产链面临着断裂的危险。李某马上召开公司高层会议，当大家听到这一爆炸性的消息之后，整个会场陷入一片混乱之中。冷静之后，大家开始商讨应对之策。市场总监马某建议再寻找一家芯片供应商，但她的建议一提出，就遭到了产品研发总监黄某的反对。黄某认为，这种芯片是公司多年研发的成果，要生产这种芯片必须拥有相应的技术和设备，如果要求新的供应商生产，不仅成本高昂而且质量难以保证。黄某向李某建议，公司应该自己生产该芯片，这样不仅可以保证产品的正常生产，而且可以降低产品成本，从长远看，对公司的发展是非常有利的。李某望向窗外，陷入了深深的思索之中。权衡利弊之后，李某决定采纳黄某的建议，他要求财务总监陈某分析项目在财务上是否具有可行性。

陈某对项目的可行性进行了认真的分析，经估算，预计项目的建设投资为15000万元，大约需要两年建成，第一年的建设投入预计为建设总投资的40%，第二年预计为60%，按照现在公司的债务情况来看，此次项目资金的筹措只能采用股权融资的方式。项目的生产期预计为8年，流动资金总额为400万元，生产期第一年初投入流动资金总额的30%，其余70%于该年年末投入。流动资金在计算期末全部回收。项目投资全部形成固定资产，按平均年限法计提折旧，折旧期8年，残值为10%。预计生产期各年的经营成本均为3500万元（不含增值税进项税额），营业收入（不含增值税销项税额）在生产期第一年为5500万元，第2~8年均为8000万元。税金及附加占营业收入的比例为5%，所得税税率为25%，行业基准收益率$i_c=12\%$。

复利系数见表3-18。

复利系数表　　　　　　　　　　表3-18

i	n	F/P, i, n	P/F, i, n	P/A, i, n	F/A, i, n
12%	1	1.120	0.8929	0.8929	1.000
	2	1.254	0.7972	1.6901	2.120
	3	1.405	0.7118	2.4018	3.374
	4	1.574	0.6355	3.0374	4.779
	5	1.762	0.5674	3.6048	6.353
	6	1.974	0.5066	4.1114	8.115
	7	2.211	0.4524	4.5638	10.089
	8	2.476	0.4039	4.9676	12.300
	9	2.773	0.3606	5.3283	14.776
	10	3.106	0.3220	5.6502	17.549

【问题】

如果你是陈某，请编写项目投资现金流量表（表3-19），计算该项目所得税后的财务净现值（FNPV），并判断该项目在财务上的可行性。

项目投资现金流量表（单位：万元）　　　　表3-19

序号	项目＼年份	1	2	3	4~9	10
1	现金流入					
1.1	营业收入					
1.2	回收固定资产余值					
1.3	回收流动资金					
2	现金流出					
2.1	建设投资					

续表

序号	项目＼年份	1	2	3	4~9	10
2.2	流动资金					
2.3	经营成本					
2.4	税金及附加					
3	所得税前现金流量					
4	调整所得税					
5	所得税后现金流量					

【理论及方法介绍】

1. 项目投资现金流量表

项目投资现金流量表也称全部投资现金流量表。项目投资现金流量表不分投资资金来源，以项目投资作为计算基础，用以计算项目投资所得税前及所得税后财务内部收益率、财务净现值及投资回收期等评价指标。编制该表的目的是考察项目全部投资的盈利能力，为各个投资方案（不论其资金来源及利息多少）进行比较建立共同基础。

项目投资现金流量表的现金流入包括产品销售（营业）收入、回收固定资产余值（可用净残值代替）和回收流动资金。现金流出包括建设投资、流动资金、经营成本、税金及附加、所得税等。现金流入和现金流出的有关数据可依据"产品销售（营业）收入和税金及附加估算表"及"建设投资估算表"、"流动资金估算表"、"投资总额与资金筹措表"、"总成本费用估算表"、"利润表"等有关报表填列。

2. 调整所得税

由于是融资前分析，因此该所得税应与融资方案无关，其数值应区别于其他财务报表中的所得税。该所得税应根据不受利息因素影响的息税前利润（EBIT）乘以所得税税率计算，称为调整所得税，也可称为融资前所得税。

要计算调整所得税，必须先计算折旧和摊销，再计算出息税前利润：

息税前利润＝营业收入−经营成本−税金及附加−折旧及摊销

＝利润总额+计入总成本费用的利息费用 （3-51）

调整所得税＝息税前利润×所得税税率 （3-52）

3. 财务净现值

财务净现值（$FNPV$）是指把项目计算期内各年的净现金流量，用设定的折现率折算到第零年的现值之和。表达式为：

$$FNPV = \sum_{t=1}^{n}(CI - CO)_t(1 + r)^{-t} \quad (3-53)$$

式中：CI_t——第 t 年的现金流入量；

CO_t——第 t 年的现金流出量；

$(CI-CO)_t$——第 t 年的净现金流量；

n——计算期（1，2，3，…，n）；

r——设定的折现率；

$(1+r)^{-t}$——第 t 年的折现系数。

计算出的净现值可能有三种结果，即 $FNPV>0$、$FNPV=0$ 或 $FNPV<0$。当 $FNPV>0$ 时，说明项目用其净效益抵付了相当于用折现率计算的利息以后，还有盈余，从财务角度考虑，项目是可以考虑接受的。当 $FNPV=0$ 时，说明拟建项目的净效益正好抵付了用折现率计算的利息，这时，判断项目是否可行，要看评价所选用的折现率。在财务评价中，若选择的折现率大于银行长期贷款利率，那么项目是可以考虑接受的；若选择的折现率等于或小于银行长期贷款利率，则一般可判断项目不可行。当 $FNPV<0$ 时，说明拟建项目的净效益不足以抵付用折现率计算的利息，甚至有可能效益是负的，一般可判断项目不可行。

财务净现值指标有两个缺陷：①需要事先确定折现率，而折现率的确定又是非常困难和复杂的，选择的折现率过高，可行的项目可能被否定；选择的折现率过低，不可行的项目就可能被选中。特别是对那些投资收益水平居中的项目，折现率的细微变化将产生巨大的影响。所以，在运用财务净现值指标时，要选择一个比较客观的折现率，否则，评价的结果往往"失真"，可能造成决策失误。②财务净现值指标是一个绝对数指标，只能反映拟建项目是否有盈利，并不能反映拟建项目的实际盈利水平。

【解答】

1. 计算折旧

固定资产残值=15000×10%=1500万元；

年折旧额=(15000−1500)÷8=1687.5万元。

2. 填列现金流入

第1~2年，建设期，无现金流入；

第3年，现金流入=营业收入=5500万元；

第4~9年，现金流入=营业收入=8000万元；

第10年，现金流入＝营业收入+回收固定资产余值+回收流动资金
$$=8000+1500+400=9900万元$$

3. 填写现金流出

第1年，现金流出＝建设投资＝$15000 \times 40\%=6000$万元；

第2年，现金流出＝建设投资+流动资金
$$=9000+400 \times 30\%=9000+120$$
$$=9120万元；$$

第3年，现金流出＝流动资金+经营成本+税金及附加
$$=400 \times 70\%+3500+5500 \times 5\%$$
$$=280+3500+275=4055万元；$$

第4~10年，现金流出＝经营成本+税金及附加
$$=3500+8000 \times 5\%$$
$$=3500+400=3900万元$$

4. 计算所得税前现金流

所得税前现金流＝现金流入-现金流出

以第1年为例，所得税前现金流＝$0-6000=-6000$万元；

5. 计算调整所得税

息税前利润＝营业收入-经营成本-税金及附加-折旧

前两年没有利润，因此没有调整所得税；

第3年，息税前利润＝$5500-3500-275-1687.5=37.5$万元；

调整所得税＝$37.5 \times 25\%=9.38$万元；

第4~10年，息税前利润＝$8000-3500-400-1687.5=2412.5$万元；

调整所得税＝$2412.5 \times 25\%=603.13$万元；

6. 计算所得税后现金流

所得税后现金流量＝现金流入-现金流出-调整所得税
$$=营业收入+回收固定资产余值+回收流动资金-$$
$$建设投资-流动资金-税金及附加-所得税$$

第1年，税后现金流量＝$0-6000=-6000$万元；

第2年税后现金流量＝$0-9120=-9120$万元；

第3年税后现金流量＝$5500-4055-9.38=1435.62$万元；

第4~9年税后现金流量＝$8000-3900-603.13=3496.87$万元；

第10年税后现金流量＝$9900-3900-603.13=5396.87$万元。

7. 计算 FNPV

$$FNPV = -6000 \times (P/F,12\%,1)+(-9120) \times (P/F,12\%,2)+1435.62 \times (P/F,12\%,3)+$$
$$3496.87 \times (P/A,12\%,6) \times (P/F,12\%,3)+5396.87 \times (P/F,12\%,10)$$
$$= -6000 \times 0.8929+(-9120) \times 0.7972+1435.62 \times 0.7118+$$
$$3496.87 \times 4.1114 \times 0.7118+5396.87 \times 0.3220$$
$$= 286.36 \text{万元}$$

$FNPV > 0$，因此该项目在财务上可行。

计算结果见表3-20。

项目投资现金流量表（单位：万元） 表3-20

序号	项目 \ 年份	1	2	3	4~9	10
1	现金流入	0	0	5500	8000	9900
1.1	营业收入			5500	8000	8000
1.2	回收固定资产余值					1500
1.3	回收流动资金					400
2	现金流出	6000	9120	4055	3900	3900
2.1	建设投资	6000	9000			
2.2	流动资金		120	280		
2.3	经营成本			3500	3500	3500
2.4	税金及附加			275	400	400
3	所得税前现金流量	-6000	-9120	1445	4100	6000
4	调整所得税			9.38	603.13	603.13
5	所得税后现金流量	-6000	-9120	1435.62	3496.87	5396.87

案例 3.9
某拟建制药项目的盈利能力评估

亳州市位于华北边陲，黄淮平原南端，自古以来就有"药都"之称，是中医药文化的摇篮，盛产中药材。勤劳智慧的亳州人靠土地之肥沃，借交通之便利，种植、经营中药材之风日益繁盛，经久不衰，已有2100多年的历史了。然而，亳州市缺乏大型的制药厂，这在一定程度上制约了该地区药材经济的持续健康发展。

乾坤药业股份有限公司经过认真的市场调研和分析后决定，在亳州市药材种植基地附近建一个制药工厂，进行药材的深加工。根据可行性研究提供的工艺设备清单和询价资料，估算该项目主厂房设备投资5800万元，主厂房的建筑工程费占设备投资的20%，安装工程费占设备投资的15%，其他工程费用按设备（含安装）和厂房投资系数法进行估算，工程建设其他费占比30%，有关数据见表3-21。上述各项费用均形成企业固定资产。

其他工程费用占比情况　　　　　　　　　　表3-21

辅助工程	公用工程	环境保护工程	总图运输工程
10%	12%	3.5%	2%

预计建设期涨价预备费300万元，基本预备费率10%。建设期两年，建设期第1年投入60%，第2年投入40%。

项目的资金来源为自有资金和贷款，贷款总额为7500万元，年利率为6%，每年贷款比例与建设资金投入比例相同，且在各年中均匀发放，其余投资来自自有资金。与银行约定，从生产期的第1年开始，按5年等额还本付息方式还款。固定资产折旧年限为8年，按平均年限法计算折旧，预计净残值率为5%，在生产期末收回固定资产余值。

项目生产期为8年，流动资金总额为500万元，全部源于自有资金。生产期第1年初投入流动资金总额的30%，其余70%于该年年末投入。流动资金在计算期末全部回收。预计生产期各年的经营成本均为2500万元（不含增值税进项税额），营业收入（不含增值税销项税额）在生产期第1年为5000万元，第2~8年均为6000万元。经营税金及附加占营业收入的比例为5%，所得税税率为33%，行业基准收益率i_c=15%。$(A/P, 6\%, 5)=0.2374$，复利系数见表3-22。

复利系数表　　　　　　　　　　表3-22

i	n	$F/P, i, n$	$P/F, i, n$	$P/A, i, n$	$A/P, i, n$
15%	1	1.1500	0.8696	0.8696	1.1500
15%	2	1.3225	0.7561	1.6257	0.6151
15%	3	1.5209	0.6575	2.2832	0.4380
15%	4	1.7490	0.5718	2.8550	0.3503

续表

i	n	F/P, i, n	P/F, i, n	P/A, i, n	A/P, i, n
15%	5	2.0114	0.4972	3.3522	0.2983
15%	6	2.3131	0.4323	3.7845	0.2642
15%	7	2.6600	0.3759	4.1604	0.2404
15%	8	3.0590	0.3269	4.4873	0.2229
15%	9	3.5189	0.2843	4.7716	0.2096
15%	10	4.0456	0.2472	5.0188	0.1993

【问题】

（1）估算该项目的建设投资。

（2）计算建设期利息以及还款期第1年的还本额和付息额。

（3）计算固定资产净残值、各年折旧额。

（4）编制项目投资现金流量表（将相关数据填入表3-23中）。计算项投资税后财务净现值，并评价该项目在财务上是否可行。

项目投资现金流量表　　　　　　表3-23

序号	项目＼年份	1	2	3	4~9	10
1	现金流入					
1.1	营业收入					
1.2	回收固定资产余值					
1.3	回收流动资金					
2	现金流出					
2.1	建设投资					
2.2	流动资金					
2.3	经营成本					
2.4	税金及附加					
3	所得税前现金流量					
4	调整所得税					
5	所得税后现金流量					

【理论及方法介绍】

（1）建设投资估算：

详见案例3.1。

（2）建设期利息估算及等额本息偿还：

详见案例3.2。

（3）固定资产折旧：

详见案例3.6。

（4）项目投资现金流量表：

详见案例3.8。

【解答】

（1）建设投资包括工程费用（主厂房工程、其他工程）、工程建设其他费用、基本预备费、涨价预备费。

1）主厂房工程费用包括建筑工程费、设备购置费、安装工程费

①主厂房的建筑工程费＝主厂房设备购置费×建筑工程费占设备购置费的比例＝5800×20%＝1160万元

②主厂房的安装工程费＝主厂房设备购置费×安装工程费占设备购置费的比例＝5800×15%＝870万元

③主厂房的工程费用＝主厂房的建筑工程费＋主厂房设备购置费＋主厂房的安装工程费＝5800＋1160＋870＝7830万元

④其他工程的工程费用＝主厂房的工程费用×其他工程占比＝7830×(10%＋12%＋3.5%＋2%)＝2153.25万元

⑤工程费用＝主厂房的工程费用＋其他工程的工程费用＝7830＋2153.25＝9983.25万元

2）工程建设其他费＝主厂房的工程费用×工程建设其他费占比＝7830×30%＝2349万元

3）基本预备费＝(工程费用＋工程建设其他费)×基本预备费率＝(9983.25＋2349)×10%＝1233.23万元

4）涨价预备费＝300万元

建设投资＝工程费用＋工程建设其他费＋基本预备费＋涨价预备费＝9983.25＋2349＋1233.23＋300＝13865.48万元

（2）建设期利息逐年计算：

第1年，建设期利息＝7500×60%÷2×6%＝135万元

第2年，建设期利息＝(7500×60%+135+7500×40%÷2)×6%＝368.1万元

建设期利息＝135+368.1＝503.1万元

还款期第1年，年初的借款本息累计＝7500+503.1＝8003.1万元

每年还本付息额＝8003.1×(A/P,6%,5)＝8003.1×0.2374＝1899.94万元

还款期第1年，付息＝8003.1×6%＝480.19万元

还款期第1年，还本＝1899.94−480.19＝1419.75万元

（3）固定资产原值＝建设投资+建设期利息＝13865.48+503.1＝14368.58万元

净残值＝14368.58×5%＝718.43万元

采用平均年限法，则年折旧额＝14368.58×(1−5%)÷8＝1706.27万元

（4）项目投资现金流量表为融资前分析，因此固定资产原值和项目总投资中均不包括建设期利息，需扣除建设期利息后重新计算折旧和投资。按全部投资为自有资金来计算固定资产年折旧额：

固定资产残值＝13865.48×5%＝693.27万元

年折旧额＝13865.48×(1−5%)÷8＝1646.53万元

息税前利润＝营业收入−经营成本−税金及附加−年折旧额

生产期第1年息税前利润＝5000−2500−5000×0.05−1646.53＝603.47万元

生产期第1年调整所得税＝603.47×33%＝199.15万元

生产期第2~8年息税前利润＝6000−2500−6000×0.05−1646.53＝1553.47万元

生产期第2~8年调整所得税＝1553.47×33%＝512.65万元

所得税后现金流量＝营业收入+回收流动资金+回收固定资产余值−经营成本−税金及附加−调整所得税

计算期第1年税后现金流量＝0−13865.48×60%＝−8319.29万元

计算期第2年税后现金流量＝0−13865.48×40%−150＝−5696.19万元

计算期第3年税后现金流量＝5000−350−2500−250−199.15＝1700.85万元

计算期第4~9年税后现金流量＝6000−2500−300−512.65＝2687.35万元

计算期第10年税后现金流量＝6000+693.27+500−2500−300−512.65＝3880.62万元

$FNPV = -8319.29 \times (P/F,15\%,1) + (-5696.19) \times (P/F,15\%,2) + 1700.85 \times (P/F,15\%,3) + 2687.35 \times (P/A,15\%,6) \times (P/F,15\%,3) + 3880.62 \times (P/F,15\%,10)$

$= -8319.29 \times 0.8696 + (-5696.19) \times 0.7561 + 1700.85 \times 0.6575 + 2687.35 \times 3.7845 \times 0.6575 + 3880.62 \times 0.2472 = -2776.79$万元

因为 $FNPV \leq 0$，所以该项目在财务上不可行。具体结果见表3-24。

项目投资现金流量表（单位：万元）　　　　　　　　表3-24

序号	项目＼年份	1	2	3	4~9	10
1	现金流入	0.00	0.00	5000.00	6000.00	7193.27
1.1	营业收入			5000.00	6000.00	6000.00
1.2	回收固定资产余值					693.27
1.3	回收流动资金					500.00
2	现金流出	8319.29	5696.19	3100.00	2800.00	2800.00
2.1	建设投资	8319.29	5546.19			
2.2	流动资金		150.00	350.00		
2.3	经营成本			2500.00	2500.00	2500.00
2.4	税金及附加			250.00	300.00	300.00
3	所得税前现金流量	-8319.29	-5696.19	1900.00	3200.00	4393.27
4	调整所得税			199.15	512.65	512.65
5	所得税后现金流量	-8319.29	-5696.19	1700.85	2687.35	3880.63

案例 *3.10*
顺和电器公司生产项目的偿债能力评估

顺和电器股份有限公司是一家大型的家用电器制造企业，在行业竞争中具有一定优势，但生产能力在某种程度上还存在不足。目前，家电消费需求数量和购买能力呈现出上升趋势。公司为抓住机遇，发挥优势，做大做强，增加利润和企业价值，增强可持续发展实力，正在研究重大经营和财务策略。在征询各部门的意见和建议时，市场总监认为公司应该开发营销计划，加大广告推销投入，扩大产品的市场占有率，适当提高销售价格增加营业收入。而生产部门的负责人则认为公司现在的生产能力有限，应对目前公司的销售量已经是疲于奔命，公司应该增聘扩充生产经营所需的技工人员，并且，为公司长远计，应该新建厂房并购买先进的生产设备，来增强公司的生产能力。公司的领导层经过商议后决定马上扩建生产车间的项目，并要求相关负责人进行可靠的市场调查和财务分析。

经估算，项目建设投资6000万元（其中含无形资产800万元）。预计建设期2年，运营期8年，资金来源为自有资金和银行贷款，贷款总额为3000万元，在建设期内每年均匀投入贷款资金1500万元。贷款年利率10%。贷款按照等额还本、利息照付方式在项目投产后3年内还清（年末支付）。无形资产在运营期8年内，均匀摊入成本。固定资产残值250万元，按照平均年限法折旧，折旧年限为8年。

该项目的资金投入、收入、成本相关数据见表3-25（流动资金全部由项目资本金解决）。企业所得税税率为33%，盈余公积金和公益金按照税后利润的15%提取。

项目资金收入、收益、成本费用（单位：万元） 表3-25

序号	项目	计算期						
		1	2	3	4	5	6	7~10
1	建设投资（不含建设期利息）	3000	3000					
1.1	项目资本金	1500	1500					
1.2	银行贷款	1500	1500					
2	流动资金			500	125			
3	营业收入（不含增值税）			5000	6000	6000	6000	6000
4	税金及附加			50	60	60	60	60
5	经营成本（不含增值税）			3000	3500	3500	3500	3500

【问题】

（1）计算建设期利息和运营期每年还本付息额，并填写借款还本付息表（表3-26）。

还本付息表（单位：万元） 表3-26

序号	项目	第1年	第2年	第3年	第4年	第5年
1	年初借款累计					
2	本年新增借款					
3	本年应计计息					
4	本年应还本金					

（2）计算项目投产后第1年的利润总额、所得税以及应提取的盈余公积金和公益金。

（3）计算项目投产后第1年的偿债备付率，分析其清偿能力，并说明还有哪些指标反映项目的清偿能力。

（4）财务评价人员依据问题（2）、（3）的计算结果，做出了项目财务上是否可行的判断，这样做是否恰当？简述理由。

【理论及方法介绍】

1. 盈利能力的分析

（1）静态指标的计算

1）总投资收益率

总投资收益率是项目达到设计生产能力后的一个正常年份息税前利润与项目总投资之比，计算公式为：

$$总投资收益率 = \frac{息税前利润}{总投资} \times 100\% \qquad (3-54)$$

式中的息税前利润，可选择项目达产后正常年份的年息税前利润，也可以计算出平均年息税前利润。选择前者还是后者，根据项目的运营期长短和年息税前利润总额波动的大小而定。若项目运营期较短，且年息税前利润波动较大，原则上要选择运营期的平均年利润总额；若项目运营期较长，年息税前利润在运营期又没有较大的波动，可选择正常运营年份的年息税前利润。

式中的总投资为建设投资、建设期利息和流动资金之和。

计算出的总投资收益率要与规定的行业标准投资收益率（若有的话）或行业的平均投资收益率进行比较，若大于或等于标准投资收益率或行业平均投资收益率，则认为项目是可以考虑接受的，否则是不可行的。

2）投资利税率

投资利税率是项目的年利润总额、税金及附加之和与项目总投资之比，计算公式为：

$$投资利税率 = \frac{年利税之和}{总投资} \times 100\% \qquad (3-55)$$

式中的年利税之和，可以选择正常生产年份的年利润总额与税金及附加之和，也可以选择运营期平均的年利润总额与税金及附加之和。选择前者还是后者，依据项目运营期长短和利税之和的波动大小而定，选择原则与计算总投资收益率中的选择同理。式中的总投资也是建设投资、建设期利息和流动资金之和。

计算出的投资利税率要与规定的行业标准投资利税率（若有的话）或行业的平均投资利税率进行比较，若前者大于或等于后者，则认为项目是可以考虑接受的，否则是不可行的。

3）资本金利润率

资本金利润率是项目的年利润总额与项目资本金之比，计算公式为：

$$资本金利润率 = \frac{年利润总额}{资本金} \times 100\% \qquad (3\text{-}56)$$

式中的年利润总额是选择正常生产年份的年利润总额,还是选择运营期平均年利润总额,原理同于总投资收益率的计算。式中的资本金是指项目的全部注册资本金。

计算出的资本金利润率要与行业的平均资本金利润率或投资者的目标资本金利润率进行比较,若前者大于或等于后者,则认为项目是可以考虑接受的,否则是不可行的。

4)资本金净利润率

资本金净利润率是项目的年税后利润与项目资本金之比,计算公式为:

$$资本金净利润率 = \frac{年税后利润总额}{资本金} \times 100\% \qquad (3\text{-}57)$$

式中的年税后利润是选择正常生产年份的税后利润,还是选择运营期平均年税后利润,原则同于总投资收益率的计算。式中的资本金也是指项目的全部注册资本金。资本金净利润率应该是投资者最关心的一个指标,因为它反映了投资者自己的出资所带来的净利润。

5)静态回收期

投资回收期(P_t)也称返本期,是反映项目盈利能力的重要指标,静态投资回收期指以项目的净收益抵偿项目全部投资所需要的时间,一般以年为单位从项目建设开始年算起。

其表达式为:

$$\sum_{t=1}^{P_t}(CI - CO)_t = 0 \qquad (3\text{-}58)$$

式中:$(CI-CO)_t$——第t年的净现金流量;

CI_t——第t年的现金流入量;

CO_t——第t年的现金流出量。

累计现金流量(所得税前)由负值变为0时的时点,即为项目的投资回收期。计算公式为:

$$P_t = 累计净现金流量开始出现正值的年份数 - 1 + \frac{|上年累计净现金流|}{当年的净现金流量值} \qquad (3\text{-}59)$$

投资回收期越短,表明项目的盈利能力和抗风险能力越好。投资回收期要求的基准期限,可根据行业水平或投资者的要求确定。静态投资回收期的主要优点是能反映项目本身的资金回收能力,比较容易理解、直观。对于那些技术上更新迅速的项目进行分析时特别有用。其主要缺点是由于过分强调迅速获得财务效益,没有考虑回收资金后的情况，而且没有评价项目计算期内的总收益和获利能力，因而在使用这个指标进行方案选择和项目比选时，必须与其他指标（如财务内部收益率或财务净现值）合并使用，否则可能导致错误的结论。

（2）动态指标的计算

1）财务净现值

财务净现值（FNPV）是指把项目计算期内各年的净现金流量，用设定的折现率折算到第零年的现值之和。表达式为：

$$FNPV = \sum_{t=1}^{n}(CI - CO)_t(1 + r)^{-t} \tag{3-60}$$

式中：CI_t——第t年的现金流入量；

CO_t——第t年的现金流出量；

$(CI-CO)_t$——第t年的净现金流量；

n——计算期（1，2，3，…，n）；

r——设定的折现率；

$(1+r)^{-t}$——第t年的折现系数。

计算出的净现值可能有三种结果，即$FNPV>0$、$FNPV=0$或$FNPV<0$。当$FNPV>0$时，说明项目用其净效益抵付了相当于用折现率计算的利息以后，还有盈余，从财务角度考虑，项目是可以考虑接受的。当$FNPV=0$时，说明拟建项目的净效益正好抵付了用折现率计算的利息，这时，判断项目是否可行，要看评价所选用的折现率。在财务评价中，若选择的折现率大于银行长期贷款利率，项目是可以考虑接受的；若选择的折现率等于或小于银行长期贷款利率，一般可判断项目不可行。当$FNPV<0$时，说明拟建项目的净效益不足以抵付用折现率计算的利息，甚至有可能是负的效益，一般可判断项目不可行。

财务净现值指标计算简便，只要编制好现金流量表，确定好折现率，净现值的计算仅是一种简单的算术方法。另外，该指标的计算结果稳定，不会因算术方法的不同而带来任何差异。

财务净现值指标有两个缺陷：①需要事先确定折现率，而折现率的确定又是非常困难和复杂的，选择的折现率过高，可行的项目可能被否定；选择的折现率过低，不可行的项目就可能被选中。特别是对那些投资收益水平居中的项目。所以，在运用财务净现值指标时，要选择一个比较客观的折现率，否则，评价的结果往往"失真"，可能造成决策失误。②财务净现值指标是一个绝对数指标，只能反映拟建项目是否有盈利，并不能反映拟建项目的实际盈利水平。

2）财务内部收益率

财务内部收益率（FIRR）是一个重要的动态评价指标，它是指使计算期内各年净现金流量现值之和为零时的折现率，又称为内部报酬率或内含报酬率。内部收益率反映拟建项目的实际投资收益水平。其表达式为：

$$\sum_{t=1}^{n}(CI-CO)_t(1+FIRR)^{-t}=0 \quad (3-61)$$

式中：FIRR——财务内部收益率；

其他符号含义同前。

计算出的财务内部收益率要与国家规定的基准收益率或折现率，或投资者的目标收益率进行比较，如果前者大于或等于后者，则说明项目的盈利能力超过或等于国家规定的标准或投资者的目标收益率，因而是可以考虑接受的，否则是不可行的。

财务内部收益率表明项目的实际盈利能力或所能承受的最高利率，是一个比较可靠的评价指标，一般可作为主要评价指标。

3）动态投资回收期

动态投资回收期是按现值法计算的投资回收期，其计算公式如下：

$$\sum_{t=1}^{P_t}(CI-CO)_t(1+r)^{-t}=0 \quad (3-62)$$

式中：CI_t——第 t 年的现金流入量；

CO_t——第 t 年的现金流出量；

$(CI-CO)_t$——第 t 年的净现金流量；

n——计算期（1，2，3，…，n）；

r——设定的折现率。

动态回收期计算公式为：

$$P_t = 累计折现净现金流量开始出现正值的年份数 - 1 + \frac{|上年累计折现净现金流|}{当年折现现金流量} \quad (3-63)$$

与静态投资回收期相比，动态投资回收期的优点是考虑了现金收支的时间因素，能真正反映资金的回收时间，缺点是比较麻烦。

2. 清偿能力的分析

（1）资产负债率

资产负债率是反映项目各年所面临的财务风险程度及偿债能力的指标。计算公式为：

$$资产负债率 = \frac{负债合计}{资产合计} \times 100\% \qquad (3-64)$$

当资产负债率大于100%，表明企业（项目）已资不抵债，已达到破产的警戒线，合适的资产负债率一般在60%~70%左右。

（2）流动比率

流动比率是反映项目各年偿付流动负债能力的指标。计算公式为：

$$流动比率 = \frac{流动资产总额}{流动负债总额} \qquad (3-65)$$

计算出的流动比率，一般应大于200%，即1元的流动负债至少有2元的流动资产作为偿还的保证，以保证项目按期偿还短期债务。这是提供贷款的机构可以接受的。

（3）速动比率

速动比率是反映项目快速偿付流动负债能力的指标。计算公式为：

$$速动比率 = \frac{流动资产总额 - 存货}{流动负债总额} \qquad (3-66)$$

计算出的速动比率，一般应接近于100%，即1元的流动负债有1元的速动资产以资抵偿。这是提供贷款的机构可以接受的。

（4）利息备付率

利息备付率也称已获利息倍数，是指项目在借款偿还期内各年可用于支付利息的息税前利润与当期应付利息费用的比值，即：

$$利息备付率 = \frac{息税前利润}{当期应付利息额} \qquad (3-67)$$

$$息税前利润 = 营业收入 - 经营成本 - 税金及附加 - 折旧$$
$$= 利润总额 + 计入总成本费用的利息费用$$

当期应付利息是指计入总成本费用的全部利息。

利息备付率可以按年计算，也可以按整个借款期计算。利息备付率表示使用项目利润偿付利息的保证倍率。对于正常经营的企业，利息备付率应当大于2。否则，表示项目的付息能力保障程度不足。

（5）偿债备付率

偿债备付率是指项目在借款偿还期内，各年可用于还本付息的资金与当期应还本付息金额的比值，即：

$$偿债备付率 = \frac{可用于还本付息资金}{当期应还本付息额} = \frac{息税折旧摊销前利润 - 所得税}{当期应还本付息额} \qquad (3-68)$$

当期应还本付息金额包括当期应还贷本金及成本中的利息。如果项目在运营期内有维持运营的投资,可用于还本付息资金应扣除维持运营的投资。

偿债备付率可以按年计算,也可以按项目的整个借款期计算。偿债备付率表示可用于还本付息的资金,偿还借款本息的保证倍率。正常情况应当大于1,且越高越好。当指标小于1时,表示当年资金来源不足以偿付当期债务,需要通过短期借款偿付已到期债务。

【解答】

(1)第1年,建设期利息=(0+1500/2)×10%=75万元

第2年,建设期利息=(1500+75+1500/2)×10%=232.5万元

建设期利息=75+232.5=307.5万元

第3年,借款累计=1500+1500+307.5=3307.5万元

投产后3年内,每年偿还本金=3307.5÷3=1102.5万元

第3年,应计利息=3307.5×10%=330.75万元

第4年,应计利息=(3307.5−1102.5)×10%=220.5万元

第5年,应计利息=(3307.5−1102.5−1102.5)×10%=110.25万元

计算结果见表3-27。

还本付息表(单位:万元)　　表3-27

序号	项目	第1年	第2年	第3年	第4年	第5年
1	年初借款累计		1575	3307.5	2205	1102.5
2	本年新增借款	1500	1500			
3	本年应计计息	75	232.5	330.75	220.5	110.25
4	本年应还本金			1102.5	1102.5	1102.5

(2)所得税=利润总额×所得税率

利润总额=营业收入−税金及附加−总成本费用

总成本费用=经营成本+折旧+摊销+利息支出

因此需要先计算折旧和摊销费用,其中固定资产原值应包括建设投资、建设期利息,但须扣除无形资产。

年折旧额=[(6000+307.5−800)−250]÷8=657.19万元

摊销费=无形资产费用÷摊销年限=800÷8=100万元

第3年总成本费用=3000+657.19+100+330.75=4087.94万元

第3年利润总额=5000−50−4087.94=862.06万元

所得税＝862.06×33%＝284.48万元

盈余公积金及公益金＝税后利润×盈余公积金与公益金提取比例

$$=(862.06-284.48)\times15\%=86.64万元$$

（3）需先计算息税前利润

息税前利润＝862.06+330.75＝1192.81万元

偿债备付率＝(息税前利润+折旧+摊销–所得税)÷当期应还本付息额

$$=(1192.81+657.19+100-284.48)÷(1102.5+330.75)$$

$$=1.16$$

偿债备付率高于1，表明具有较强的清偿能力。

反映清偿能力的指标还包括利息备付率和借款偿还期。

（4）判断不恰当，理由如下：

1）指出只算一年的数据（利润和偿债备付率）或指出未计算整个项目计算期相应数据，不能反映整个项目的盈利能力和清偿能力。

2）指出只采用静态分析方法，不能反映项目的总体盈利能力和可持续能力，或指出应采用动态分析指标，如财务内部收益率、财务净现值等指标，才能反映该项目的总体盈利能力和可持续能力。

第 4 章

项目计划与控制

案例 4.1
数据采集系统开发项目管理

世华软件开发公司是著名的软件开发公司，主要面向教育及考试服务领域，提供包括大规模数据采集、网上阅卷、考试领域软件开发和互联网应用等在内的一站式考试服务。在一次项目竞价中，世华公司以40万元的价格中标德太设计院的数据采集软件系统开发项目。该项目的需求建议书中有如下主要信息：德太设计院希望数据采集软件系统这个项目完成的时限是6个月，起止时间从2016年1月1日到6月30日，所有的交付物必须不迟于2016年6月30日提供给德太设计院；合同商定的价格为40万元，若世华公司提供满足建议书要求的工作，德太设计院即向其付款。

世华软件公司了解到德太设计院是一所信誉良好的设计单位，为了保持与德太设计院长期的合作关系，世华软件公司对此次项目非常重视，特地选派了拥有丰富工作经验和扎实项目控制管理知识的刘某担任此次的项目经理。在了解了项目详细要求后，刘某有条不紊地开始对项目进行规划和监控。

由于德太设计院要求世华公司提交一套项目计划书，因此刘某对项目进行了时间计划，得出时间计划，如表4-1所示。

时间计划表　　　　　　　　　　　　　　　　表4-1

任务名称	时间计划
方案设计	2016年1月1日~2016年1月10日
需求分析	2016年1月11日~2016年1月31日
软件开发	2016年2月1日~2016年6月10日
Beta测试	2016年6月11日~2016年6月30日

另外刘某还做出了与之对应的项目甘特图，如图4-1所示。另一方面，德太设计院为了便于对项目实施监控，规定了三个检查点，分别是1月11日、2月1日、6月11日，也标注在甘特图中。

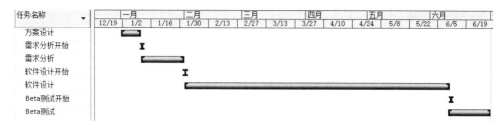

图4-1 甘特图

【问题1】

这些检查点在项目管理中被称为什么？请说明它们在该项目中的位置和起到的作用。

【理论及方法介绍】

1. 甘特图

甘特图又称为横道图、条状图。以提出者亨利·L·甘特先生的名字命名。甘特图内在思想简单，即以图示的方式通过活动列表和时间刻度形象地表示出任何特定项目的活动顺序与持续时间。基本是一条线条图，横轴表示时间，纵轴表示活动（项目），线条表示在整个期间上计划和实际的活动完成情况。它直观地表明任务计划在什么时候进行，及实际进展与计划要求的对比。管理者由此可便利地弄清一项任务（项目）还剩下哪些工作要做，并可评估工作进度。

甘特图是一种得到广泛应用的进度计划方法，它可以帮助管理者确保：（1）对所有活动进行安排；（2）对活动进行排序；（3）记录估算的活动时间；（4）计算出项目的总时间。绘制甘特图一般使用Microsoft Office Project、Gantt View for Win Forms等软件。但是，甘特图无法充分地表示活动和资源之间的相互关系。

2. 里程碑

在制定项目进度计划时，在进度时间表上设立一些重要的时间检查点，这样一来，就可以在项目执行过程中利用这些重要的时间检查点来对项目的进程进行检查和控制，这些重要的时间检查点被称作项目的里程碑。里程碑标志着上一个阶段结束、下一个阶段开始，将一个过程性的任务用一个结论性的标志来描述，明确任务的起止点。

【解答1】

这些检查点在项目管理中被称里程碑。

该项目有3个里程碑，分别是1月11日、2月1日和6月11日。第一个里程碑是在方案设计结束时，标志着需求分析的开始；第二个里程碑是在需求分析结束时，标志着软件设计的开始；第三个里程碑是在软件设计结束时，标志着Beta测试的开始。这3个里程碑是对项目进行检查和控制的重要时间点。

【问题2】

为了明确项目的具体任务和工作流程，刘某对项目内容进行了工作分解，得出了工作内容分解表4-2，请根据工作内容分解表完善工作分解结构图4-2。

工作内容分解表　　　　　　　　　　　　　表4-2

数据采集软件系统开发项目	数据采集软件系统开发项目
1方案设计	3.2.2组成结构
2需求分析	3.2.3控制逻辑结构
3软件开发	3.2.4平台运行流程
3.1功能框架设计	3.2.5外部网络接口
3.2程序代码编制	3.2.6参数配置及界面实现
3.2.1整体结构关系	4Beta测试

【理论及方法介绍】

1. 工作分解结构

以可交付成果为导向对项目要素进行的分组，它归纳和定义了项目的整个工作范围，每下降一层代表对项目工作的更详细定义。工作分解结构（Work Breakdown Structure，WBS）总是处于计划过程的中心，也是制定进度计划、资源需求、成本预算、风险管理计划和采购计划等的重要基础。WBS同时也是控制项目变更的重要基础。

（1）分解原则

1）将主体目标逐步细化分解，最底层的日常活动可直接分派到个人去完成；

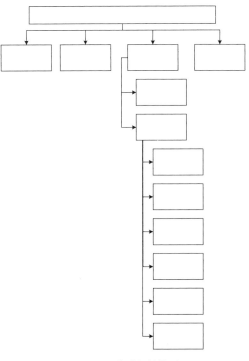

图4-2　工作分解结构图

2）每个任务原则上要求分解到不能再细分为止；

3）日常活动要对应到人、时间和资金投入。

（2）任务分解的方法

1）采用树状结构进行分解；

2）以团队为中心，自上而下与自下而上的充分沟通，一对一个别交流与讨论，分解单项工作。

（3）任务分解的标准

1）分解后的活动结构清晰，从树根到树叶，一目了然，尽量避免盘根错节；

2）逻辑上形成一个大的活动，集成了所有的关键因素（包含临时的里程碑和监控点），所有活动全部定义清楚，要细化到人、时间和资金投入。

【解答2】

工作分解结构见图4-3。

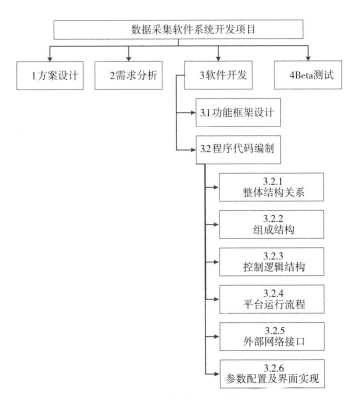

图4-3　工作分解结构图（答案）

【问题3】

在制作项目网络计划图之前，刘某对项目的工期进行了估计，并且他还明确了任务间的逻辑关系，确定了需要延迟的任务及延迟时间，制作了网络计划工作表4-3，请结合图4-4的网络图的图例，尝试做出网络图，标明关键路径，并计算该软件开发项目的总工期。

网络计划工作表 表4-3

序号	任务名称	紧后工作	工期（天）	搭接关系	搭接时间（天）
A	方案设计	B	10		
B	需求分析	C	20		
C	功能框架设计	D，E，F，G，H，I	20		
D	整体结构关系	J	30		
E	组成结构	J	40		
F	控制逻辑结构	J	70		
G	平台运行流程	J	20	FS	40
H	外部网络接口	J	40	FS	30
I	参数配置及界面实现	J	40	FS	70
J	Beta测试	—	20		

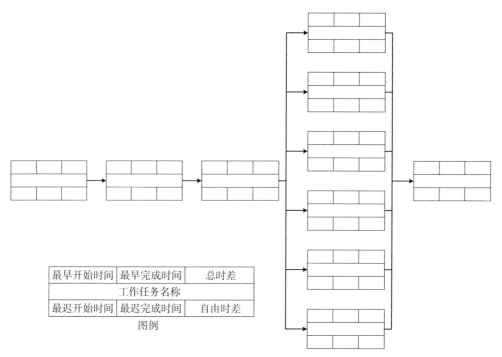

图4-4 网络图图例

【理论及方法介绍】

1. 单代号网络图

单代号网络图是以节点及其编号表示工作，以箭线表示工作之间逻辑关系的网络图，并在节点中加注工作代号、名称和持续时间。

（1）特点

1）单代号网络图用节点及其编号表示工作，而箭线仅表示工作间的逻辑关系；

2）单代号网络图作图简便，图面简洁，由于没有虚箭线，产生逻辑错误的可能较小；

3）单代号网络图用节点表示工作：没有长度概念，不够形象，不便于绘制时标网络图；

4）单代号网络图更适合用计算机进行绘制、计算、优化和调整。最新发展起来的几种网络计划形式，如决策关键线路法（Decision Critical Path Method，DCPM）、图形评审技术（Graphic Evaluation and Review Technique，GERT）等，都是采用单代号表示的。

（2）绘图规则

1）单代号网络图必须正确表达已定的逻辑关系；

2）单代号网络图中，严禁出现循环回路；

3）单代号网络图中，严禁出现双箭头或无箭头的连线；

4）绘制网络图时，箭线不宜交叉，当交叉不可避免时，可采用过桥法和指向法绘制；

5）单代号网络图中应有一个起点节点和一个终点节点。

2. 双代号网络图

双代号网络图是应用较为普遍的一种网络计划形式。它是以箭线及其两端节点的编号表示工作的网络图。双代号网络图中，每一条箭线应表示一项工作。箭线的箭尾节点表示该工作的开始，箭线的箭头节点表示该工作的结束。

表示方法：

（1）箭线：在双代号网络中，工作一般使用箭线表示，任意一条箭线都需要占用时间、消耗资源，工作名称写在箭线的上方，而消耗的时间则写在箭线的下方；

（2）虚箭线：是实际工作中不存在的一项虚设工作，因此一般不占用资源，也不消耗时间，虚箭线一般用于正确表达工作之间的逻辑关系；

（3）节点：反映的是前后工作的交接点，节点中的编号可以任意编写，但应保证

后续工作的节点比前面节点的编号大,且不得有重复;

(4)起始节点:即第一个节点,它只有外向箭线(即箭头离向节点);

(5)终点节点:即最后一个节点,它只有内向箭线(即箭头指向节点);

(6)中间节点:既有内向箭线又有外向箭线的节点;

(7)线路:即网络图中从起始节点开始,沿箭头方向通过一系列箭线与节点,最后达到终点节点的通路,称为线路。一个网络图中一般有多条线路,线路可以用节点的代号来表示。

3. 关键路径法

在绘制出网络图后,管理者可以利用网络图进行项目的计划工作,关键路径法(Critical Path Method,CPM)是最常应用的方法之一。网络图中至少有一条关键线路,关键线路上的节点叫关键节点,关键线路上的工作叫关键工作,关键路径法的相关参数包括:

最早开始时间(ES):指某工作紧前工作全部完成后,该工作开始的时间,最早开始时间等于其紧前工作最早完成时间的最大值;

最早完成时间(EF):指某工作各项紧前工作全部完成后,该工作有可能完成的最早时间,最早完成时间等于最早开始时间加上该工作工期;

最迟开始时间(LS):不影响整个网络计划工期完成的前提下,该工作的最迟开始时间;

最迟完成时间(LF):不影响整个网络计划工期完成的前提下,本工作最迟开始时间,最迟完成时间等于其紧后工作最迟开始时间的最小值;

总时差(TF):指不影响计划工期的前提下,本工作可以利用的机动时间,总时差等于最迟时间与最早时间之差;

自由时差(FF):影响紧后工作最早开始的前提下,本工作可以利用的机动时间,自由时差等于其紧后工作的最早开始时间最小值减去本工作的最早完成时间。

下面介绍关于关键路径法的计算原理与应用方法。

(1)作图法

1)利用正推计算确定活动的最早完成时间。在制定计划过程中,计划者首先希望获得的信息是完成整个项目需要多长时间。利用在网络图上作标记计算的方法,可以快捷准确地获得项目总工期的信息。具体方法是,首先从网络图的起点入手,然后顺着时间节点编号升序方向,计算每个时间节点前面的活动全部完成的最早时间,并记录在相应的时间节点内。

2)利用逆推计算确定活动的最迟开始时间。在获得最短的总工期信息后,计划者往往希望进一步了解有多大把握能在最短时间内完成项目,并希望知道项目中哪些活动一旦拖延,将导致整个项目完工时间的延误,以便抓住项目控制的关键。解决上述问题,可以采用在网络图上做逆推标记的方法。

3)确定关键工作与关键线路。通过前两个阶段的工作,获得了各时间节点的最早完成时间与最迟开始时间。观察两种时间的关系,不难发现后者或等于或大于前者。当一个时间节点的最早完成时间等于最迟开始时间时,意味着该时间节点的紧前工作完成后,必须马上开始后续工作,否则将导致整个项目的工期延误。同样,如果一项工作在开始时间节点处和结束时间节点处的最早完成时间与最迟开始时间均相等,意味着该工作必须按期完成,否则也会影响到整个项目的总工期。由于这些工作不能延误,被称为关键工作,由关键工作串接而成的线路被称为关键线路。

(2)表格计算法

除采用上述作图法可求出关键线路外,还可以用表格计算法解决问题。与作图法相比,表格计算法不如作图法直观易懂,但由于有比较固定的计算程式,有助于提高计算速度。下面分步介绍表格计算法的计算程序。

1)构建计算表格。

2)将网络图的全部信息,通过依次填入各作业名称、作业开始节点编号、作业结束节点编号以及作业时间的方式,储存到计算表格中。所谓依次填入,要求所有的作业,先按开始节点由小到大的顺序排列,在两个作业的开始节点相同时,选择结束时间节点较小的优先填入。

3)进行正推计算。正推计算从表格的最上端开始,计算出每项作业的最早开始时间t_{ES}与最早结束时间t_{EF},具体计算公式为:

$$t_{ES}(i,j) = \text{Max}\{t_{EF}(-,i)\}$$

$$t_{EF}(i,j) = t_{ES}(i,j) + t(i,j)$$

式中:$t_{ES}(i,j)$——开始与结束节点分别为(i,j)的作业的最早开始时间;

$t_{EF}(i,j)$——开始与结束节点分别为(i,j)的作业的最早完成时间;

$t(i,j)$——开始与结束节点分别为(i,j)的作业的持续时间;

$\text{Max}\{t_{EF}(-,i)\}$——结束节点为$i$的各作业中的最早完成时间的最大值。

4)进行逆推计算。逆推计算是在假定项目必须按照正推计算出的最短总工期完工的条件下,计算出各作业最迟的开始时间与完成时间。计算从表格的最下端开始,先将项目中最后作业的最迟完成时间人为地限定为第三步计算出来的总工期。然后,依次计算出每项作业的最迟完成时间t_{LF}与最迟开始时间t_{LS},具体计算公式为(以双代号网络图为例):

$$t_{LF}(i,j) = \text{Min}\{t_{LS}(j,-)\}$$
$$t_{LS}(i,j) = t_{LF}(i,j) - t(i,j)$$

式中：$t_{LS}(i,j)$——开始与结束节点分别为（i，j）的作业的最迟开始时间；

$t_{LF}(i,j)$——开始与结束节点分别为（i，j）的作业的最迟完成时间；

$t(i,j)$——开始与结束节点分别为（i，j）的作业的持续时间；

$\text{Min}\{t_{LS}(j,-)\}$——开始节点为$j$的各作业中的最迟开始时间的最小值。

5）计算各作业的总时差S_t。在获得各作业的最早开始与完成时间以及最迟开始与完成时间后，需要通过比较的方式计算出总时差，计算公式如下：

$$S_t(i,j) = t_{LS}(i,j) - t_{ES}(i,j) = t_{LF}(i,j) - t_{EF}(i,j)$$

式中：$S_t(i,j)$——开始时间节点为i，结束时间节点为j的作业的总时差；

其余符号意义同前。

6）确定关键作业与关键线路，作业总时差为零的作业为关键作业，表格计算法的最后一个工作，便是在表格上将关键作业用★标注出来，至此，关键线路一目了然。

【解答3】

网络图图例见图4-5。

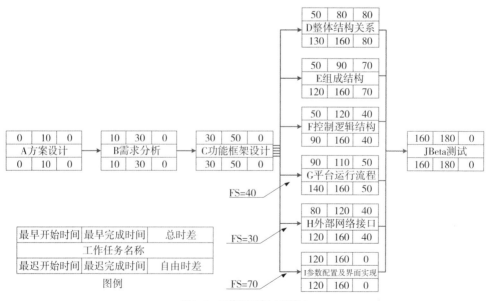

图4-5 网络图图例（答案）

关键路径A–B–C–I–J，工期＝10+20+20+70+40+20＝180天

【问题4】

在制作项目经费预算时，刘某获得了项目各任务需要的工时、工期、人力资源名称、费率、完成任务所需其他投入等信息，并且假设参与项目的每位工作人员每天工作时长是8小时，请协助刘某计算每项任务所需要的人力资源的数目及每项任务的预算成本，将计算结果填入表4-4中。

资源成本表　　　　　　　　　　表4-4

序号	任务名称	工时	工期（天）	资源名称	资源费率（元/（小时·人））	人力资源数目(人)	其他投入（元）	成本预算（元）
A	方案设计	480	10	设计人员	50		1400	
B	需求分析	240	20	调研人员	30		2000	
C	功能框架设计	560	20	设计人员	50		1000	
D	整体结构关系	720	30	编程人员	40		1000	
E	组成结构	1600	40	编程人员	40			
F	控制逻辑结构	3640	70	编程人员	40		10000	
G	平台运行流程	1600	20	编程人员	40		1000	
H	外部网络接口	640	40	编程人员	40			
I	参数配置及界面实现	640	40	编程人员	40			
J	Beta测试	720	20	测试人员	40			
合计								

【理论及方法介绍】

1. 项目成本构成

制定成本计划从项目建议书开始，即在承包商或项目团队制定项目建议书期间就要估计项目成本。在某些情况下，项目建议书只对建议的项目说明总成本下限；在其他情况下，客户可能要求详细分解各种成本。项目建议书的成本部分可能由承约商估计的成本报表组成，它包括下列内容。

（1）劳动力。这部分给出的估计成本包括将在项目中工作的各类人员，如油漆工、设计师和计算机程序员等。它包括每个人的或各个类别的工时数和工时率。

（2）原材料。这部分是承包商或项目团队所需购买的各种原材料的成本，如油漆、木料、壁纸、毛毯、纸、艺术品、食品、计算机或者软件包。

（3）分包商和顾问。当承包商或项目团队缺乏某项专门技术或不具备完成某个项目任务的资源时，他们可以雇用分包商或顾问执行这些任务，如设计小册子、编制培训手册、编制软件和举办招待会等。

（4）租用设备和工具。有时承包商可能需要只为这个项目使用的专用仪器、工具或设备。如果某种设备只能在一个或几个项目中使用，那么买下这种设备就太昂贵了。在这种情况下，只要项目需要，承包商可以租用这种设备。

（5）差旅费。如果在项目期间需要到外地出差，就需要差旅费（如机票），还包括住宿费和必要的餐饮费。

除此之外，承包商或项目团队还应准备一定量的意外开支准备金，以便在项目期内发生意外事件时使用。这包括在项目成本估计完成之后所遗漏项目的费用、由于第一次没做好而要返工的费用，或是在多年项目期间人工（工资）或材料上涨而逐年增加的成本。

2. 总预算成本

项目总成本将按各成本要素——人工、原材料和分包商——分摊到工作分解结构中适当的工作包中，并为每一个工作包建立总预算成本（Total Budgeted Cost, TBC）。为每个工作包建立TBC的方法有两种。一种是自上而下法，即在总项目成本之内按照每个工作包的相关工作范围来考察，以总项目成本的一定比例分摊到各个工作包中。另一种方法是自下而上法，它是根据与每个工作包有关的具体活动而进行成本估计的方法。在提交项目建议书时通常估计了项目成本，但那时并没有做具体的计划。可是，在项目开始之后，就要详细说明具体活动并制定网络计划。一旦对具体的活动做了详细具体的说明，就能对每个活动进行时间、资源和成本的估计了。每个工作包的TBC就是组成各工作包的所有活动的成本的加总。

分摊到各工作包的数字就是为完成与各工作包有关的所有活动的TBC。无论是自上而下法还是自下而上法，都可用来建立每一个工作包的总预算成本。所以，在把所有工作包的预算加总时，它们不能超过项目总预算成本。

【解答4】

项目中每项任务所需的人力资源数量为工时除以工期再除以每位工人每天工作小时数；任务成本为人力资源成本加上其他成本，其中人力资源成本为工时乘以人力资源每小时工资数。以任务A为例：

A人力资源数目＝480÷10÷8＝6人

A成本预算＝50×480+1400＝25400元

其余算法与A同，最终可得资源成本表4-5。

资源成本表（答案）　　　　　　　　　　表4-5

序号	任务名称	工时	工期（天）	资源名称	资源费率（元/（小时·人））	人力资源数目（人）	其他投入（元）	成本预算（元）
A	方案设计	480	10	设计人员	50	6	1400	25400
B	需求分析	320	20	调研人员	30	2	2000	11600
C	功能框架设计	560	20	设计人员	50	3.5	1000	29000
D	整体结构关系	720	30	编程人员	40	3	1000	29800
E	组成结构	1600	40	编程人员	40	5		64000
F	控制逻辑结构	3640	70	编程人员	40	6.5	10000	155600
G	平台运行流程	1440	20	编程人员	40	9	1000	58600
H	外部网络接口	640	40	编程人员	40	2		25600
I	参数配置及界面实现	800	40	编程人员	40	2.5		32000
J	Beta测试	720	20	测试人员	40	4.5		28800
合计								460400

【问题5】

假如此项目各任务的时间计划如图4-6所示，任务的成本分布是均匀的，请根据网络计划工作表（表4-3），计算每个月的累计成本，并在此基础上制作此项目的月成本累积折线图（图4-7）。

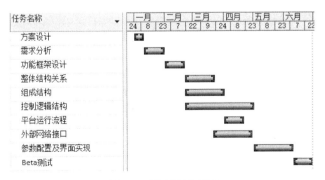

图4-6　时间计划甘特图

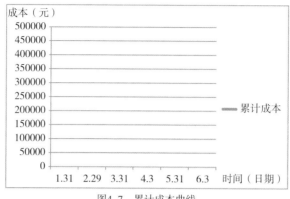

图4-7 累计成本曲线

【理论及方法介绍】

1. 项目预算

一旦为每个工作包建立了总预算成本,项目预算过程的第二步就是将TBC分摊到各工作包的整个工期中去。每期的成本估计是根据组成该工作包的各个活动所完成的进度确定的。当每个工作包的TBC分摊到工期的各个区间,就能确定在某一时点用了多少预算。这个数字可通过截至某期的每期预算成本加总而算出。这一合计数称作累计预算成本(Cumulative Budgeted Cost, CBC),是直到某期为止按进度完成的工作预算值。CBC将作为分析项目成本绩效的基准。利用CBC的值,可画出累计预算成本曲线来说明整个项目工期的预算支出。

整个项目的CBC或每个工作包的CBC在项目的任何时点都能与实际成本和工作绩效相比较。对项目或工作包来说,仅仅将消耗的实际成本与总预算成本作比较容易引起误解,因为只要实际成本低于TBC,成本绩效看起来就是好的。但到了项目预算已经超出而仍有剩余的工作尚未完成的时候,要完成项目就必须追加投资,此时再进行成本控制就太晚了。

为了避免这种可怕的事情发生,重要的是利用CBC而不是TBC作为标准来与实际成本做比较。这样的话,当实际成本开始超过CBC时,还可以亡羊补牢。

对于那些包括很多工作包或活动的大项目,可使用项目管理软件来帮助进行项目预算。

【解答5】

按月计算累计成本,活动的预算成本乘以截止日的工作完成百分比,并按月汇总:

1月31日累计成本＝25400+11600=37000元

2月29日累计成本＝25400+11600+29000+29800×1/3+64000×1/4+155600×1/7＝114161.9元

3月31日累计成本＝25400+11600+29000+29800+64000+155600×4/7+25600×1/4＝255114.3元

4月30日累计成本＝25400+11600+29000+29800+64000+155600+58600+25600＝399600元

5月31日累计成本＝25400+11600+29000+29800+64000+155600+58600+256000+32000×3/4＝423600元

6月30日累计成本＝25400+11600+29000+29800+64000+155600+58600+256000+32000+28800＝460400元

成本累计曲线见图4-8（答案）。

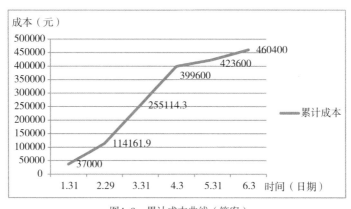

图4-8 累计成本曲线（答案）

【问题6】

在上述的规划过程中，刘某的经费预算计划没有得到德太设计院的批准，他经过进一步和专家探讨，又制作了一份经费计划，每项任务的成本预算已经在表4-6中第3列罗列出来。这项计划经德太设计院批准后作为基准计划。在项目的实施过程中，2016年4月15日，世华软件开发公司对项目实施检查，发现一些任务已经完成，一些任务正在实施，另外一些任务还没有开工，各项任务的实际成本和项目进度在表4-6中第4列、5列给出。

成本进度表　　　　　　　　　　　表4-6

序号	任务名称	成本预算（元）	实际成本（元）	项目进度
A	方案设计	20000	18000	100%
B	需求分析	10000	12000	100%
C	功能框架设计	25000	20000	100%
D	整体结构关系	30000	15000	40%
E	组成结构	64000	0	0%
F	控制逻辑结构	120000	60000	50%
G	平台运行流程	50000	25000	50%
H	外部网络接口	15000	18000	100%
I	参数配置及界面实现	15000	0	0%
J	Beta测试	25000	0	0%
合计		374000	168000	

请你根据上述条件，在表4-7中填入已完成工作量的预算成本（BCWP）、项目结束时各任务的预测成本。并评价项目进展到此状态时，经费超支了还是节省了？同时请你计算截止到状态日期2016年4月15日，项目各任务的计划工作量的预算费用（BCWS），并将计算结果填入表4-7中，判断此项目在时间上是提前了，还是拖期了？

项目跟踪表（单位：元）　　　　　　　　　　　表4-7

序号	任务名称	成本预算	已完成工作量的实际成本 ACWP	已完成工作量的预算成本 BCWP	任务完成时的预测成本	计划工作量的预算费用 BCWS
A	方案设计	20000	18000			
B	用户需求调研	10000	12000			
C	功能框架设计	25000	20000			
D	整体结构关系	30000	15000			
E	组成结构	64000	0			
F	控制逻辑结构	120000	60000			
G	平台运行流程	50000	25000			
H	外部网络接口	15000	18000			
I	参数配置及界面实现	15000	0			
J	Beta测试	25000	0			
合计		374000	168000			

【理论及方法介绍】

1. 挣值法

完成项目费用控制工作,需要从方法、工具和体系等各个方面建立统一安排。在方法方面,为了适应项目费用控制工作的需求,项目管理者在工作实践中发明了大量的控制方法,其中,挣值法是一种最为常用的项目控制方法。在项目的费用控制过程中,挣值法扮演了非常重要的角色。项目控制管理的关键前提是能够发现和描述实际情况与计划要求之间的偏差及其大小。而挣值法采用了挣值(Earn Value)的概念巧妙地以预算和成本为分析对象,全面地反映出现实与计划之间的差异情况。

挣值是指已经完成的工作在原成本计划中的预算金额。换言之,表明的是从计划的角度看,项目已经完成的工作值多少金额。通过比对项目特定时期的挣值金额与实际的费用支出之间的差距,可以准确形象地了解当时项目费用使用的效率。

在使用挣值法时,需要首先明确挣值法中的三个基本参数。

(1)计划工作量的预算费用(Budgeted Cost of Work Scheduled,简称 $BCWS$)。$BCWS$ 是按照项目的进度计划,对不同时段的费用支出进行累计计算的结果。计划周费用是指按照项目计划,完成制定的工作给定的预算金额;计划累积量则是对计划的预算额依次逐周累计而成的预算定额。根据计划累积值,便可以绘制出预算费用曲线($BCWS$)。需要注意的是,费用曲线是与工作进度计划相对应的。

(2)已经完成工作的实际费用支出(Actual Cost for Work Performed,简称 $ACWP$)。尽管项目管理者在制定项目预算时,尽其全力提高质量,但是由于项目的复杂性和多变性,使得项目实施过程中的实际费用支出常常与计划不符,$ACWP$ 表述出项目实施过程中的实际费用支出总额。实际发生值记录了该项目实际费用支出累计值,据此形成实际费用曲线($ACWP$)。

(3)已经完成工作的预算成本($BCWP$—Budgeted Cost for Work Performed)。$BCWP$ 是指按照预算,已经完成的工作可以使用多少预算定额。从本质上分析,$BCWP$ 是使用成本与预算的方式,表达出对项目进度的一种衡量方式。工作进度是指原计划在不同时间期内需要完成工作量中已经完成的工作的比重。

需要说明一点,特定的时刻计算出的 $BCWP$ 仅是一个值,对应于曲线上的一个点。曲线上其他点是根据前期类似计算得出的,将所有的点平滑地连接起来,最终绘制出 $BCWP$ 曲线。

$$BCWP = 已经完成工作进度 \times 预算定额$$

使用项目挣值法评价曲线，可以从多角度非常方便地对项目费用与进度实施效果进行分析与衡量。

首先，衡量费用方面的偏差时，比较直接的方法是对当时时刻计划的预算支出与实际支出进行比对，对项目的管理者而言，比较的结果具有指导意义。但是，管理者往往无法通过计划的预算支出与实际支出之间的直接比对获得费用使用效率的信息。通过比较已经完成工作的实际费用支出（ACWP）和已经完成工作的预算成本（BCWP）更加清楚地了解费用的使用情况，并将此差额定义为费用偏差（Cost Variance，简称CV）；也可以使用两者的比值（Cost Performed Index，简称CPI）衡量，CPI反映的是相对偏差，它不受项目层次的限制，也不受项目实施时间的限制，因而在同一项目和不同项目比较中均可采用。

$$CV = BCWP - ACWP$$

$$CPI = BCWP/ACWP$$

在上述公式中，当费用偏差CV为负值时，表示项目运行超出预算费用；当费用偏差CV为正值时，表示项目运行节支，实际费用没有超出预算费用。CPI<1时，表示超支，即实际费用高于预算费用；CPI>1时，表示节支，即实际费用低于预算费用。值得注意的是，在项目超支情况下，采用CPI表示的超支的幅度相对较小，故采用CV表述费用的使用效率更加合理准确。

在进行进度衡量方面，可以采用进度偏差（Schedule Variance，简称SV）指标衡量。也可以使用BCWP与BCWS的比值（Schedule Performed Index，简称SPI）的方式衡量进度偏差。

$$SV = BCWP - BCWS$$

$$SPI = BCWP/BCWS$$

在上述公式中，当SV为负值时，表示进度延误，即实际进度落后于计划进度；当SV为正值时，表示进度提前，即实际进度快于计划进度；当SPI>1时，表示进度提前，即实际进度比计划进度快；当SPI<1时，表示进度延误，即实际进度比计划进度慢。当判断出现进度偏差时，应当分析该偏差对后续工作和对总工期的影响。

【解答6】

工作A的BCWP＝预算定额×已完工作量＝20000×100%＝20000元

其余工作的BCWP与A的计算方法相同。

工作A完成时的预测成本＝ACWP/已完工作量＝18000/100%＝18000元

工作B、C、D、F、G、H完成时的预测成本与A相同。

工作E完成时的预测成本＝$ACWP$＝64000元

工作I、J完成时的预测成本与E相同。

工作A的$BCWS$＝计划完成工作量×预算定额＝20000×100%＝20000元

其余工作的$BCWS$与A的计算方法相同。

整理得表1-8。

项目跟踪表（单位：元）（答案）　　　　　表4-8

序号	任务名称	成本预算	已完成工作量的实际成本$ACWP$	已完成工作量的预算成本$BCWP$	任务完成时的预测成本	计划工作量的预算费用$BCWS$
A	方案设计	20000	18000	20000	18000	20000
B	用户需求调研	10000	12000	10000	12000	10000
C	功能框架设计	25000	20000	25000	20000	25000
D	整体结构关系	30000	15000	12000	37500	30000
E	组成结构	64000	0	0	64000	64000
F	控制逻辑结构	120000	60000	60000	120000	75000
G	平台运行流程	50000	25000	25000	50000	37500
H	外部网络接口	15000	18000	15000	18000	9375
I	参数配置及界面实现	15000	0	0	15000	0
J	Beta测试	25000	0	0	25000	0
合计		374,000	168000	167000	379500	270875

$BCWP<ACWP$，所以说明项目成本超支。

$BCWP<BCWS$，所以说明项目拖期。

案例 4.2
德嘉工业生产建设项目管理

德嘉公司是一家民营公司，正处于迅速成长的阶段。近期，为扩大公司的生产线，提高市场占有率，德嘉公司决定建设一个工业生产性项目拟生产一种全新的工业产品。该产品由研发到正式投入生产的时间长达2年，预计建设期1年，投入资金800万元。由于此项目关乎德嘉公司未来的发展前景和利润增长，公司的总经理宋某对此项目如何进行管理忧心忡忡，为此，她特地找来了得力助手，同时也是德嘉公司的人力资源总监林某进行商量。

互相打了招呼之后，宋某率先开口："根据前期的可行性研究结果，该工业产品生产项目从技术上和经济上均可行。但是我们都觉得这个项目必须还得要严格管理，确保不能出一丝差错啊，小林，你怎么看，有什么办法可以更好地处理这个问题？"小林翻了翻桌上的材料，思考了一会，说："宋总，该产品是一种全新的工业产品，作为我们公司创新研发的重要成果，他们将是接下来几年的公司利润的主要来源。虽然可行性研究报告上预测这种商品销售前景较好，但为保证该项目的顺利进行，我们必须按照现代项目管理的思想和方法对该工业项目的建设过程进行管理，并成立一个'产品生产建设项目'团队，全面负责该项目的建设过程。"听后，宋某认真地点点头，"这个想法很好，但是我们公司之前并没有组建过所谓项目团队，对于不太熟悉的东西，我有点不太放心啊。""这个不用担心，我们只要选对了合适的项目经理，同时对于该经理的主要职责和授权都规定好，并与项目经理描述好对应的目标要求即可。"林某流利地回答，"但凡熟悉项目计划与控制相关知识的项目经理，会很好地带领项目团队完成我们赋予的目标的。""所以重点是要选一个好的项目经理吗？"宋某反问道。"是的，经理，而且我们公司就有好几个学项目管理出身的，完成这个任务并不困难。"林某依然飞快地说着。

听罢，宋某长吁了一口气，笑了笑，说："果然找你过来问题就迎刃而解了，那团队组建和项目经理人选由你来选派吧，另外，看来我得花点时间去看看项目管理的书籍增加一下这方面知识的储备了，这样公司才能更好地发展啊。"林某也认同地点了点头。

于是林某开始进行项目经理的人选选定了。

【问题1】

为人力资源总监林某解决以下4个问题，只有解决了才能选对称职的项目经理并且布置好任务。

（1）提出对该项目经理的素质要求。

（2）描述该项目经理的主要职责。

（3）说明对项目经理授权应考虑的原则。

（4）为了更好地完成该"工业产品建设项目"，作为项目经理你需要准确描述该项目的目标。

【理论及方法介绍】

1. 项目经理的素质要求

（1）项目经理应具备的能力

由于项目具有唯一性、复杂性，项目在实施过程中始终面临各种各样的冲突和问题，这就给项目经理带来了巨大的挑战。一个称职的项目经理应该具有多方面的能力，包括人际关系能力、领导及管理能力、系统观念及战略管理的能力、应付危机及解决冲突的能力和技术能力等。

1）人际关系能力。为获得充分、有效的资源，项目经理需要借助关系，依靠其谈判技巧向上级部门积极争取完成项目所需的人力资源。同时，项目经理应当能综合种种人际关系技能建立一个项目团队，能同团队和其他干系人共同工作，营造出一个忠诚、负责、信任和奉献的文化氛围。项目经理应当树立以人为中心的领导风格，授权给项目成员，更多情况下作为项目成员的良师益友、与之共同工作，树立领导魅力，获得成员的拥护、支持与尊重，从而使项目成员能够自觉地为高效实现项目目标而努力。

2）领导及管理能力。项目经理以有限权利面对复杂的组织环境，肩负保证项目成功的责任，因此，项目经理需要具有很强的领导才能。具体地，要求他有快速决策的能力，即能够在动态的环境中收集并处理相关信息，制定有效的决策。项目经理的领导才能取决于个人的经验及其在组织内部所获得的信任度。作为项目经理，其有效的领导风格应该具备如下特征：有清楚的领导意识和清楚的行动方向，能辅助项目成员解决问题，能使新成员尽快地融入团队，具有较强的沟通能力，能够权衡方案的技术性、经济性及其与人力因素之间的关系。

项目经理作为管理者必须了解管理过程，必须知道有关计划、组织、激励、领导和控制这些管理职能的基本原理，并能够真正有效地运用。"管理是一门艺术"，做一名成功的管理者并不是一件容易的事,尽管其看似简单。从人力资源管理角度出发,激励团队成员,充分发挥其主动性、积极性与创造性,实现项目成员的"自我管理",帮助成员实现个人目标,将有效地降低管理复杂度。

3)系统观念及战略管理的能力。项目经理必须具有全局观念,不能无视项目与母体公司的相关关系,必须保证项目目标与公司总体战略目标的一致性,把项目看作一系列子系统或相互关联的要素,不仅考虑项目的经济目标,同时还应看到项目的其他目标,如顾客满意、将来的增长对相关市场的开拓、对其他目标的影响等。按系统理论,子系统的最优并不能保证母体大系统的最优,项目目标的成功必须以大系统的最优为基础。

项目目标具有多重性,不同目标之间往往存在着权衡关系,而且项目寿命周期的不同阶段各目标的相对重要性也不同。另外,项目目标与企业目标及个人目标之间也存在着权衡关系。如果项目经理同时负责几个项目,则项目经理就需要在不同项目之间进行权衡。总之,在项目实施过程中,处处存在着这种权衡关系,项目经理应该具备权衡能力,保证大系统的最优实现。

4)应付危机及解决冲突的能力。项目的唯一性意味着项目常常会面临各种风险和不确定性,会遇到各种各样的危机。项目经理应该具有对风险和不确定性进行评价的能力,同时应该通过经验的积累及学习过程提高果断应对危机的能力。另外,项目经理还应通过与项目成员之间的密切沟通及早发现问题,预防危机的出现。项目的特征之一就是冲突性。了解冲突发生的关键并有效地解决它是项目经理所应具备的一项重要能力。

5)技术能力。因项目的特点要求项目经理无法专注于某一项具体领域,所以不必要求项目经理是技术领域的带头人,但仍要求他对有关技术比较精通,否则无法实现组织与各干系人的有效沟通及正确决策。项目经理若花费太多的时间钻研技术细节,自然会忽视项目的管理。在具备基本的沟通及决策能力后,当有更详细、更深层次的问题需要询问和回答,或在更复杂的技术环境下做出决策时,项目经理应当学会授权,信任团队中技术领域的专家,项目经理要做的只是调动、激发他们更好地完成任务。

(2)项目经理应具备的素质

处于复杂多变的项目环境中,要想成为一名成功的项目经理,还必须具有一些重要的个性特征:

1)乐观的态度。项目经理应该抱着乐观主义精神,坦然面对失败与挫折,并从中总结经验和教训。

2)承担风险、制定决策的勇气。项目实施过程中,风险与机遇并存,面对一些不确定性因素时,项目经理必须具有"大将"风度,在分析利害、权衡利弊的基础上,勇于承担风险,果断地做出决策,指引项目团队前进。

3）持之以恒。在创新行业的项目团队里，只有具有非凡的毅力和韧性，坚持项目的工作目标，不断地尝试、努力，不轻言放弃，才能最终成为胜利者。

4）信任。"用人不疑，疑人不用"，项目团队里更多需要的是一种团队精神，强调成员的自我管理，项目经理必须授权给团队成员，充分相信他们的创造力。

2. 项目经理的职责

项目经理的任务就是要对项目实行全面的管理，具体体现在对项目目标要有一个全局的观点，并制定计划，报告项目进展，控制反馈，组建团队，在不确定环境下对不确定性问题进行决策，在必要的时候进行谈判及解决冲突。项目经理的责任主要体现在三个层次上：项目经理对企业所应负的责任、对项目所应负的责任以及对项目小组成员所应负的责任。

（1）项目经理对企业所应承担的责任表现在以下三个方面：

1）保证项目的目标与企业的经营目标相一致，使项目的成功实施以实现企业的战略目标为前提。

2）对企业分配给项目的资源进行适当的管理，保证在资源约束条件下所得资源能够被充分有效地利用。

3）与企业高层领导进行及时有效的沟通，及时汇报项目的进展状况、成本、时间等资源的花费，项目实施可能的结果，以及对将来可能发生的问题的预测。

（2）项目经理对项目所应承担的责任表现在以下两个方面：

1）对项目的成功负有主要责任，对项目实施进行计划、监督与控制，保证项目按时、在预算内达到预期结果。

2）保证项目的整体性，保证项目在实施过程中自始至终以实现项目目标为最终目的。由于项目在实施过程中存在各种各样的冲突，项目经理在解决项目冲突的过程中要起重要作用，做到化解矛盾，平衡利害。

（3）项目经理对项目小组成员所应承担的责任表现在以下三方面：

1）为项目组成员提供良好的工作环境与工作氛围。

2）对项目小组成员进行绩效考评。

3）项目经理在激励项目小组成员的同时还应为项目小组成员的将来考虑，使他们无后顾之忧，保证他们安心为项目工作。

3. 授权

授权就是为实现项目目标而给项目团队赋予权力，也是给团队成员赋予权力，以使他们在自己的职责范围内完成项目的预期任务。这是一种有助于成员成功完成分配给他们的任务的行动。授权的含义，不仅是指给项目团队的具体成员分配任务，还包括给予团队成员完成目标的责任，给予他们为取得预期结果而做出决策、采取行动的权利，以及对他们取得这些结果的信任。

项目团队成员在他们的职责范围内，根据工作范围，要完成的有形成果或产品，在预算、时间或进度计划范围内，被赋予具体的目标任务。为取得预期结果，他们可根据自己的方法制定计划，并对工作中所用的资源加以控制。

授权对于一个优秀的经理来说，是非常必要的。做好项目的组织工作是项目经理职责的一部分，授权不是"推卸责任"，项目经理仍然要对完成项目目标负最终责任。项目经理要充分理解授权并认真实行，保证项目团队的工作有效，为合作和团队工作创造必要条件。

有效的授权需要有效的沟通能力，项目经理要使项目团队成员充分意识到完成项目目标的责任已经授予了他们。项目经理有责任使成员明确了解对某一具体结果的期望。他应了解项目团队每位成员的能力和不足，以此作为分配工作的依据。另一方面，授权也要求成员在取得他们任务的预期结果上能靠得住。为此，项目经理要建立一套项目管理信息与控制系统以协助团队成员控制他们的工作绩效。

下面列出了对有效授权的一些障碍，并说明了如何克服这些障碍。

（1）项目经理想要亲自完成这项任务，或者他认为自己会做得更好，完成得更快些。这种情况下，他一定要放弃这种想法，并相信其他人也能做好。要知道，其他人可以用不同于自己的方式进行工作。

（2）项目经理不太信任其他人完成工作的能力。这时，要充分了解项目团队中每位成员的能力、潜力和不足，以便为每项任务挑选出最合适的成员。

（3）项目经理害怕他会对工作失去控制，无法了解情况，为此，他应建立一个系统，定期监控和评审工作的进度。

（4）团队成员害怕因犯错误而受到指责，或者是缺乏自信心。这种情况下，项目经理要使每位成员知道他对他们的责任，并不时鼓励他们要懂得失败是成功之母，而不是指责的借口。

【解答1】

（1）领导能力；人员开发能力；沟通能力；人际交往能力；处理压力能力；解决问题能力；时间管理能力；应变能力等。

（2）主要包括四方面的职责：计划；组织；领导；控制。

（3）根据项目目标的要求授权；根据项目风险程度授权；按合同的性质授权；按项目的性质授权；根据项目经理授权；根据项目班子和项目团队授权。

（4）目标1：完成一个工业生产性建设项目；

目标2：建设期1年；

目标3：项目总投入资金为800万元。

【问题2】

最终林某选择了拥有丰富项目管理知识和实践经验的李某作为此项目的项目经理。李某也开始进行他的工作了。

由于产品生产建设项目较为复杂，有许多需要进行的工作，为了更好地制定该项目计划，更有效地对项目实施过程进行管理与控制，李某打算对该项目建设过程可能涉及的工作进行分解。具体结果如表4-9所示。

产品生产建设项目工作分解表　　　　　　　表4-9

产品生产建设项目	厂房装饰	试投产准备
设计	设备采购与安装	上岗培训
厂房设计	设备采购	产品试生产
生产线设计	设备安装	项目验收
厂房改建	设备调试	项目管理
原厂房内部拆除	设备联调	
厂房土建	试投产	

现在李某需要根据项目工作分解表，在图4-9的工作分解结构图上，完成树形工作分解结构图，并补充遗漏的工作，此外，还需要用三位数字给每项工作编码。请你替李某完成这项工作。

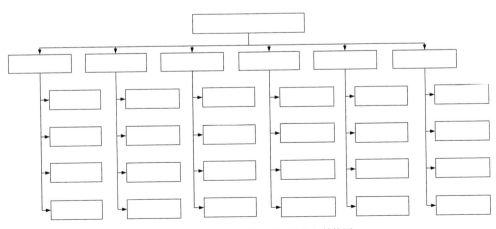

图4-9　产品生产建设项目的工作分解结构图

【理论及方法介绍】

工作分解结构

详见案例4.1中的【问题2】。

【答案2】

见图4-10。

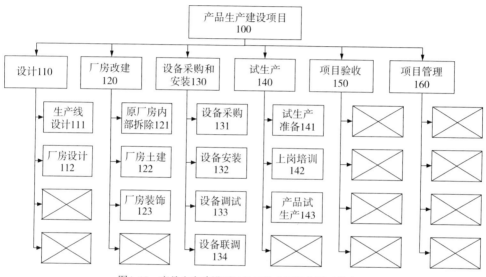

图4-10　产品生产建设项目的工作分解结构图（答案）

【问题3】

为保证项目的工期目标得以实现，李某决定采用网络计划技术对产品生产建设项目进度进行计划和动态管理。

由于产品生产建设项目涉及的工作较多，李某在项目管理过程中采用了分级管理的思路，其各部分的实施过程中均采用网络计划技术的管理办法，以"厂房装饰"工作为例子，经过分解后，得出了一张工作先后关系及每项工作初步时间估计的工作列表，如表4-10所示。

厂房装饰工作列表　　　　　　　　　　　表4-10

序号	工序名称	紧后工作	工作时间（周）
A	搬入窗扇	B	2
B	安装窗扇1	C、D	2

续表

序号	工序名称	紧后工作	工作时间（周）
C	安装窗扇2	E	2
D	墙面抹灰打底1	E	1
E	墙面抹灰打底2	G、H	1
F	运入地板料	H	2
G	干燥养护	I	5
H	铺地板	I	3
I	墙面抹灰面漆	—	2

请你依据表4-10，替李某分别绘制出"厂房装饰"实施的双代号网络图和单代号网络图（单代号网络图要求计算出各项工作的最早开始、最早完成时间、最迟开始、最迟完成时间、总时差、自由时差以及项目的计划工期，并用双线条或粗线条标出该项目的关键线路，图4-11）。

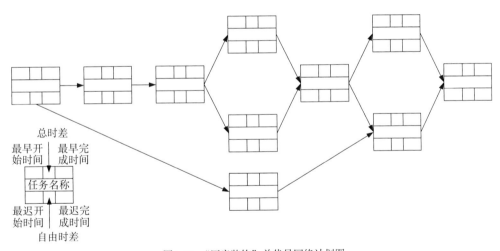

图4-11 "厂房装饰"单代号网络计划图

【理论及方法介绍】

单代号网络图、双代号网络图、关键路径法
详见案例4.1中【问题3】。

【解答3】

具体见图4-12、图4-13。

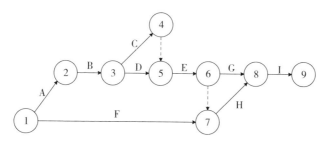

图4-12 "厂房装饰"双代号网络计划图

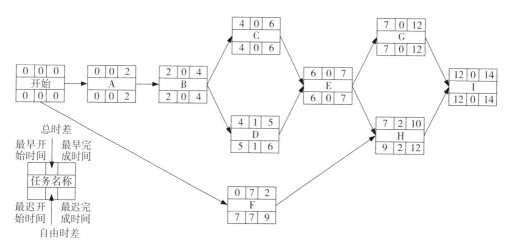

图4-13 "厂房装饰"单代号网络计划图（答案）

该项目计划工期为14周。

【问题4】

为了满足项目工期的要求，有效地对项目实施监控，在综合考虑了资源、费用、时间、质量、效益等因素后，李某制定了"厂房改建"工作的详细进度计划。"厂房改建"各项工作的工作时间、所需要的人力资源类型及其相应的工作量估计如表4-11所示。

为了对"厂房改建"工作进行有效的费用管理与控制，需要制定一份"厂房改建"工作的费用计划。若"厂房改建"每项工作的费用都简化为两部分：人力资源费用和其他费用（材料、设备等）。李某根据以往的经验对每项工作的其他费用进行了估计，估计值如表4-11所示（注：各类人员的小时工作量成本为，工人：25元/时；工程师：50元/时）。

"厂房改建"工作时间及工作量估计表　　　　表4-11

工作代号	工作时间（天）	人力资源种类	工作量估计（工时）	每天安排人数	人力资源费用（元）	其他费用（元）	总费用（元）
A	10	工人	400	5	10000	100000	110000
B	15	工人	600	5	15000	120000	135000
C	10	工人	480	6	12000	200000	212000
D	20	工人	960	6	24000	200000	224000
E	15	工人	720	6	18000	207000	225000
F	20	工程师	1280	8	64000	256000	320000
G	25	工人	2000	10	50000	700000	750000
H	10	工程师	320	4	16000	50000	66000
I	10	工程师	320	4	16000	50000	66000
J	15	工程师	480	4	24000	51000	75000
K	10	工人	160	2	4000	50000	54000
L	10	工人	480	6	12000	50000	62000
M	10	工程师	320	4	16000	50000	66000
N	5	工人	160	4	4000	25000	29000
合计					285000	2109000	2394000

（1）如果每人每天工作8小时，请你协助李某计算每项工作每天需要安排的人力资源数量，并填入表4-11中。并至少给出一项工作的人力资源费用及总费用计算的过程。

（2）请你协助李某计算各项工作的人力资源费用及总费用，计算结果请填入表4-11，并至少给出一项工作的人力资源费用及总费用计算的过程。

【理论及方法介绍】

项目成本构成、总预算成本

详见案例4.1中【问题4】。

【解答4】

项目中每项任务所需的人力资源数量为工时除以工期再除以每位工人每天工作小时数;任务成本为人力资源成本加上其他成本,其中人力资源成本为工时乘以人力资源每小时工资数。以任务A为例:

每天安排人数:$N_A = 400 \div 10 \div 8 = 5$人

任务成本(总费用):$C_A = 400 \times 25 + 100000 = 110000$元

"厂房改建"工作时间及工作量估计如表4-12(答案)所示。

"厂房改建"工作时间及工作量估计表(答案)　　表4-12

工作代号	工作时间(天)	人力资源种类	工作量估计(工时)	每天安排人数	人力资源费用(元)	其他费用(元)	总费用(元)
A	10	工人	400	5	10000	100000	110000
B	15	工人	600	5	15000	120000	135000
C	10	工人	480	6	12000	200000	212000
D	20	工人	960	6	24000	200000	224000
E	15	工人	720	6	18000	207000	225000
F	20	工程师	1280	8	64000	256000	320000
G	25	工人	2000	10	50000	700000	750000
H	10	工程师	320	4	16000	50000	66000
I	10	工程师	320	4	16000	50000	66000
J	15	工程师	480	4	24000	51000	75000
K	10	工人	160	2	4000	50000	54000
L	10	工人	480	6	12000	50000	62000
M	10	工程师	320	4	16000	50000	66000
N	5	工人	160	4	4000	25000	29000
合计					285000	2109000	2394000

【问题5】

李某在监督"产品生产建设项目"时应用了挣值分析法进行费用控制,经过统计该项目前12周相关费用如表4-13所示。

产品生产建设项目实施过程费用计划与统计（单位：万元）　　表4-13

费用统计项目	费用数据											
	1	2	3	4	5	6	7	8	9	10	11	12
每周拟完成工程计划费用	5	9	9	13	13	18	14	8	8	3	10	10
每周已完成工程实际费用	5	5	9	4	4	12	15	11	11	8	8	3
每周已完成工程计划费用	5	5	9	4	4	13	17	13	13	7	7	3

请你分析一下第6周末和第10周末的费用偏差和进度执行情况。

【理论及方法介绍】

挣值法

详见案例4.1中【问题6】。

【解答5】

（1）第6周末：

$BCWP_6 = 5+5+9+4+4+13 = 40$ 万元

$ACWP_6 = 5+5+9+4+4+12 = 39$ 万元

$BCWS_6 = 5+9+9+13+13+18 = 67$ 万元

$CV_6 = BCWP_6 - ACWP_6 = 40-39 = 1 > 0$，费用节约；

$SV_6 = BCWP_6 - BCWS_6 = 40-67 = -27 < 0$，进度拖后。

（2）第10周末：

$BCWP_{10} = 5+5+9+4+4+13+17+13+13+7 = 90$ 万元

$ACWP_{10} = 5+5+9+4+4+12+15+11+11+8 = 84$ 万元

$BCWS_{10} = 5+9+9+13+13+18+14+8+8+3 = 100$ 万元

$CV_{10} = BCWP_{10} - ACWP_{10} = 90-84 = 6 > 0$，费用节约；

$SV_{10} = BCWP_{10} - BCWS_{10} = 90-100 = -10 < 0$，进度拖后。

案例 4.3
远方电器公司变频空调研制项目管理

远方电器公司是一家以空调产品生产为主的国有企业,多年来一直生产普通空调产品。但是近年来,我国的变频空调的市场占有率快速上涨,变频空调已经成为了未来空调的发展趋势。鉴于变频空调相对普通空调更加节能以及温控精度更高等优点,远方电器公司对变频空调研制项目进行了可行性分析。经调研,该企业变频空调研制项目从技术上和经济上均可行。

企业领导层经过研究,决定开发市场前景较好的"变频空调产品",由于变频空调的生产面临许多新的技术,特别是电动机的研究与试验、电脑控制系统的研究与试验是变频空调成功开发的关键。经过调查研究,该变频空调产品预期希望实现单机生产成本在1500元以下,累计无故障运转时间超过5000小时;该项目拟投入研发资金不超过1000万元,计划研制时间为2012年1月1日~2012年6月30日。

企业领导为了保证研制项目的顺利进行,决定成立一个项目组,按照项目管理的思想对"变频空调研制项目"过程进行管理。而在公司中表现出色,并且拥有相关项目管理经验的你,被任命为此次项目的项目经理。

目前远方电器公司采用职能式组织管理形式,主要的部门有人力资源部、经营计划部、财务部、研发部、生产部、采购部、质量部及市场部,本次项目与上述部门均有一定的联系,另外还有三个生产车间需要参与其中。换句话说,本次变频空调的研制需要全厂各部门的共同协作。

而你作为项目经理,也深知万事开头难的道理,在项目正式开始之前,决定先要完成以下工作。

【问题1】

(1)请你向总经理提交一份关于项目组织形式选择的报告,要求说明该项目可能采取的组织形式,并结合项目特点简要说明你最终选择的组织形式及其理由(限300字以内)。

(2)为了更好地完成变频空调的研制项目,你需要向所有的人准确描述项明需要到达的目标。

（3）为了保证变频空调的研制取得成功，你需要落实参与项目的各方面人员或组织在项目实施过程的责任，在项目管理中，责任的分配一般用_____进行表示。

（4）项目管理有其自身的生命周期，根据项目管理生命周期的四个阶段，分别描述每个阶段可能用到的项目管理方法或技术（每个阶段可只填写4个方法或技术），并填入表4-14。

变频空调研制项目的生命周期及主要方法和技术　　　　表4-14

阶段序号	阶段名称	阶段主要项目管理方法或技术
阶段1		
阶段2		
阶段3		
阶段4		

【理论及方法介绍】

1. 项目组织结构

为了有效实现项目目的就必须建立项目组织。实际中存在多种项目组织形式，每一种组织形式有各自的优点、缺点、适用场合，并没有一个最佳的组织形式。因此人们在进行项目组织设计时，要具体问题具体分析，选择适合的满意的组织形式。一般项目的组织形式有职能式、项目式、矩阵式等几种形式。

（1）职能式项目组织形式

职能式组织形式按职能以及职能的相似性来划分部门，是传统的层次化组织形式，也是当今世界上最普遍的组织形式，组织形式图如4-14所示。因企业主管根据项目任务需要从各职能部门抽调人力及其他资源组成项目实施组织，其成员仍在原来的职能部门内完成项目任务，项目组织界限并不十分明确；组织没有明确的项目主管或项目经理，项目中各项协调工作由职能部门主管或位于职能部门顶部的执行主管来进行；另外，如果项目性质较单一、涉及职能部门较少，且有某个职能部门对项目的实施影响最大或涉及面最多，职能式项目组织可以直接划归该职能部门管理。

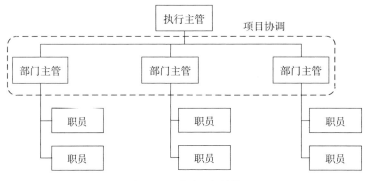

图4-14 职能式组织结构

1）职能式组织的优点

①有利于提高企业技术水平。同一部门专业人员聚集便于交流知识和经验，利于积累经验和提高业务水平，从而使项目获得部门内所有的知识、技术支持，有助于创造性地解决项目的技术问题。

②资源利用的灵活性和低成本。项目实施组织中的人员或其他资源仍归职能部门领导，同时可以被临时地调配给项目，为不同的项目所使用，因此职能部门可根据需要分配所需资源并降低人员及资源的闲置成本。

③有利于从整体协调企业活动。由于每个部门或部门主管只能承担项目中本职能范围的责任，不承担最终成果的责任，而每个部门主管都直接向企业主管负责，因此要求企业主管要从企业全局出发进行协调与控制。

④有利于员工的职业发展。职能部门的常规工作仍旧维持不变，职能部门可以为本部门的专业人员提供一条正常的晋升途径。虽然专家对项目的贡献巨大，他们的职能领域则是自己职业的根据地，是其职业发展与进步的中心。

2）职能式组织的缺点

①协调较困难。项目实施组织没有明确的项目经理，而每个职能部门由于职能的差异性及本部门的局部利益，容易从本部门的角度去考虑问题。因此发生部门间的冲突时，部门经理之间很难进行协调，从而影响项目整体目标的实现。

②项目不能受到足够的重视。由于职能部门自身的日常工作使得项目及客户的利益易被忽视，项目中与职能部门利益直接相关的问题可能得到较好的解决，其他情况下项目常常不能受到足够的重视。

③项目组成员缺乏热情。由于项目实施组织只是从职能部门抽调而来，项目被看作非主要工作，甚至是额外的负担。项目是由各部门组成的有机系统，必须有人对项目总体承担责任，这种在职能范围内承担相应责任的职能式组织形式不能保证项目责

任的完全落实。

④工作效率不高。因职能式项目组织缺乏横向、直接的沟通，项目的信息与决策在常规的管理渠道内传递效率不高，其项目完成一般需要更长的时间。

（2）项目式组织形式

项目式组织形式是按项目来划归所有资源，项目从公司组织中分离出来，作为独立的单元，有自己的技术人员和管理人员，由全职的项目经理对项目负责。项目式组织形式如图4-15所示。

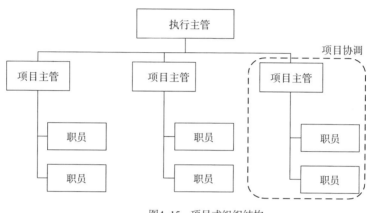

图4-15　项目式组织结构

1）项目式组织形式的优点

①目标明确及统一指挥。项目式组织是基于某项目而组建的，圆满完成项目任务是项目组织的首要目标，而每个项目成员的责任及目标也是通过对项目总目标的分解而获得的。同时项目成员只受项目经理领导，不会出现多头领导的现象。

②运作简单。因项目式组织的相对独立性，不像职能式组织或后面介绍的矩阵式组织那样受母体组织的束缚（如信息的交流沟通、资源的分配管理等）较多，具有更大的自由度与灵活性，项目工作者的唯一任务就是完成项目，易于在进度、成本和质量等方面进行控制。

③组织效率高。在这种项目团队中，团队成员的凝聚力强，能充分发挥各自的想象力与创造力，从而有助于项目目标的高效完成。

④有利于全面型人才的成长。项目实施涉及计划、组织、人事、指挥与控制等多种职能，项目团队的协作精神利于不同领域的专家密切合作与相互交流学习，项目处于复杂多变环境中，独立运作它需要团队成员拥有强烈的参与意识与创造能力，这些都为团队成员的能力开发提供了良好的场所。

2）项目式组织形式的缺点

①机构重复及资源的闲置。项目式组织按项目所需来设置机构及获取相应的资源，这样一来就会使每个项目有自己的一套机构，造成了人员、设施、技术及设备等的重复配置。同时，为了保证在项目需要时能马上得到所需的专业技术人员及设备等，项目经理往往会将这些关键资源储备起来，当这些资源闲置时，其他项目也很难利用这些资源，从而导致闲置成本很高。

②不利于企业专业技术水平的提高。项目式组织往往注重于项目中所需的技术水平，而没有给专业技术人员提供同行交流与互相学习的机会，因此不利于形成专业人员钻研本专业业务的氛围。

③不稳定性。项目的临时性使项目成员感到缺乏一种事业的连续性和保障，当项目快结束时，成员们都会为自己的未来而做出相应的考虑，"人心惶惶"。

④项目与母体组织间的矛盾。项目团队意识较浓，但项目成员与公司的其他部门之间将会不自觉地产生某种抵触与界线，不利于项目与外界的沟通，同时也容易引起一些不良的矛盾和竞争，还会在项目完成后小组成员回归本职单位时影响他们与本部门之间的融合。

（3）矩阵式项目组织形式

矩阵式的组织构架是目前应用最为广泛的组织形式，它既兼有职能式与项目式组织的优点，又能避免它们的缺点。如图4-16所示，应用矩阵式组织形式，项目成员可以从不同的职能部门来支持项目经理，这些人同样可以支持参与别的项目，所以他们可能同时为几个项目服务。

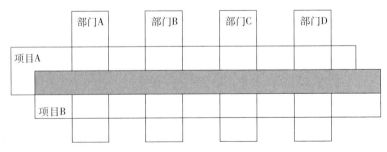

图4-16 典型的矩阵式结构

1）矩阵组织的特点

矩阵组织是一种混合形式，它在常规的职能层级结构之上"加载"了一种水平的项目管理结构。在矩阵系统中，通常存在两条命令链，一条顺着职能线下达，另一条则是根据项目线下达，项目参与者需要同时向职能部门与项目经理两方汇报工作。在矩阵组织中，项目经理在项目活动的"什么"和"何时"方面，即内容和时间方面对职能部门行使权力，而各职能部门负责人决定"如何"支持。每个项目经理直接向最高管理层负责，并由最高管理层授权。而职能部门则从另一方面来控制，对各种资源做出合理的分配和有效的控制调度。职能部门负责人既要对他们的直线上司负责，也要对项目经理负责。

矩阵组织中的职权以纵向、横向和斜向在一个公司里流动，因此在任何一个项目的管理中，都需要有项目经理与职能部门负责人的共同协作，将两者很好地结合起来。要使矩阵组织能有效地运转，必须考虑和处理好以下几个问题：

①应该如何创造一种能将各种职能综合协调起来的环境？由于存在每个职能部门从其职能出发只考虑项目的某一方面的倾向，考虑和处理好这个问题就是很必要的。

②一个项目中哪个要素比其他要素更为重要是由谁来决定的？考虑这个问题可以使主要矛盾迎刃而解。

③纵向的职能系统应该怎样运转才能保证实现项目的目标，而又不与其他项目发生矛盾？

要处理好这些问题，项目经理与职能部门负责人要相互理解对方的立场、权力以及职责，并经常进行磋商。

2）矩阵组织的几种形式

根据项目与职能经理相对权力的不同及项目经理对参与者直接权力的大小，实践中存在不同种类的矩阵体系：强矩阵形式、平衡矩阵形式与弱矩阵形式。

强矩阵形式如图4-17所示。它类似于项目式组织，但项目并不从公司组织中分离出来作为独立的单元。有些情况下，职能经理所在的部门可以作为项目的一个"分包商"，此时，他们将对专业化的工作有更大的控制权。

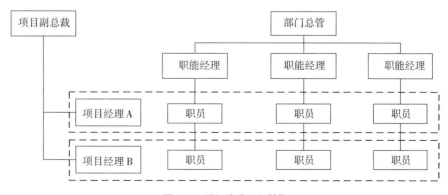

图4-17　强矩阵式组织结构

一般地，公司组织中没有某个固定的机构来主管项目。如果项目本身属于一个大项目，那么项目经理通常向大项目经理汇报。项目经理很少向职能部门汇报，一般是直接向总经理或某个副总裁汇报。

弱矩阵形式组织结构如图4-18所示。与职能式组织类似，但是为了更好地实施项目，建立了相对明确的项目实施班子。这样的项目实施班子由各职能部门下的职能人员所组成，职能经理负责其项目部分的管理，并未明确对项目目标负责的项目经理，即使有项目负责人，他的角色只不过是一个项目协调者或项目监督者，而不是真正意义上的项目管理者。项目经理督促项目的权力是非直接的，职能经理负责大部分这方面的工作，并决定哪些人做哪些工作，以及何时完成工作。

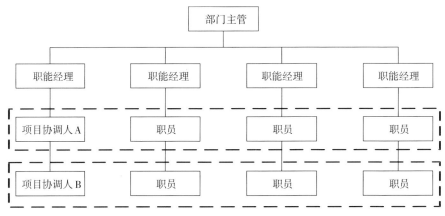

图4-18　弱矩阵式组织结构

平衡矩阵形式织结构如图4-19所示，介于上述两个极端之间，是为了加强对项目的管理而对弱矩阵组织形式的改进，与弱矩阵形式的区别是在项目实施班子中任命一名对项目负责的管理者，即项目经理，为此项目经理被赋予完成项目任务所应有的职权和责任。

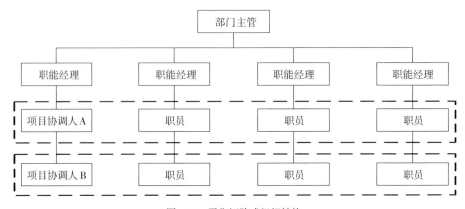

图4-19　平衡矩阵式组织结构

项目经理负责设定需要完成的工作，而职能经理则关心完成的方式。更具体地讲，项目经理制定项目的总体计划、整合不同领域、制定时间表、监督工作进程；职能经理则根据项目经理设定的标准及时间表负责人事的安排并执行其所属项目部分的任务。"内容与方式"的结合要求双方密切合作，共同进行技术与操作方面的决策。

3）矩阵组织的优劣分析

矩阵组织有许多优点：

①项目目标明确。有专门的人即项目经理负责管理整个项目，负责在规定的时间、经费范围内完成项目的要求。

②资源利用的灵活性及有效性。由于项目组织是覆盖在职能部门上的，它可以临时从职能部门抽调所需的人才，所以项目可以分享各个部门的技术人才储备，充分利用人才资源。当有多个项目时，这些人才对所有项目都是可用的，从而可以大大减少像项目式组织中出现的人员冗余。当指定的项目不再需要时，项目人员有其职能归宿，大多返回原来的职能部门。此外，通过内部的检查和平衡，以及项目组织与职能组织间的经常性的协商，可以实现时间、费用以及运行的较好平衡。

③具有相对独立性，运作管理方便。项目由于交流渠道的建立和决策点的集中，对环境的变化以及项目的需要能迅速地做出反应；矛盾最少，并能通过组织体系容易地解决。

④适用性强。项目式组织和职能式组织是两个极端的情况，而矩阵式组织在这两者之间具有较广的选择范围。职能部门可以为项目提供人员，也可以只为项目提供服务，从而使得项目的组织具有很大的灵活性。所以矩阵式组织可以被许多不同类型的项目所采用。

矩阵式组织的优点是很突出的，但其缺点也是较明显的：

①违背统一命令、统一指挥的管理原则。因项目参与者至少有两个上司，即项目经理和职能经理。当他们的命令有分歧时，会令人感到左右为难，无所适从；项目经理与职能经理的权力是均衡的，由于没有明确的负责者，项目的一些工作会受到影响，有时还会造成二者之间的敌对。

②不利于组织全局性目标的实现。多个项目在进度、费用和质量方面取得平衡，这是矩阵式组织的优点，又是它的缺点，因为这些项目必须被当作一个整体仔细地监控，而且资源在项目之间流动容易引起项目经理之间的争斗，每个项目经理都更关心自己项目的成功，而不是整个公司的目标。

③项目协调较难。因项目经理主管项目的行政事务，职能经理主管项目的技术问

题，但实践中对二者的责任及权力却不易划分明确，项目经理需经常就此类问题与部门经理进行谈判协商。

2. 责任分配矩阵

责任矩阵（Responsibility Matrix）是以表格形式表示完成工作分解结构中工作细目的个人责任的方法。它强调每一项工作细目由谁负责，并表明每个人在整个项目中的角色和地位。

有些责任矩阵用X表示每项工作细目由谁负责；有些责任矩阵用P表示每项特定工作细目的主要责任人，用S表示该项工作细目的次要责任人。表明每项工作细目仅有一个人作为领导、主角或负责人是个好的想法。指派两个人联合主管，会因为每个人都以为对方会做某项工作而增大该项工作失败的风险。

3. 项目生命周期

按照国际项目管理协会的项目生命周期的阶段划分，项目划分为概念阶段、开发阶段、实施阶段和收尾阶段。项目管理发展到不同的阶段，工作的内容和重点不同。

（1）概念阶段

概念阶段是指自有了策划项目的意向开始到决定建设或运行项目为止的整个过程。大致包括如下几项主要工作或活动内容：

1）做机会研究并明确需求。

2）调查研究、收集数据。

3）确立项目目标。

4）策划项目并拟订项目总体方案。

5）进行项目的可行性研究（包括初步策划项目和详细策划项目）。

6）组织项目的评估。

7）决策并获准进入下一阶段工作等。

在这一阶段，强化的主要是项目的机会选择与可行性论证。该阶段的主要方法和技术包括成本—收益分析、SWOT分析、德菲尔法、敏感度分析等。

（2）开发阶段

开发阶段是指自项目建设或运行的决策之后，对项目的实施进行全面的计划的过程。主要的工作或活动内容包括：

1）确定项目组成员。

2）项目及管理范围的确定。

3）项目设计。

4）质量标准的选定。

5）项目总体计划。

6）工作结构分解。

7）工作程序的计划。

8）进度计划。

9）资金计划。

10）资源计划。

11）环境分析与保证等。

这一阶段主要强调项目的规划与计划，是项目管理至关重要的阶段，可以运用很多项目管理的技术与方法。该阶段的主要方法和技术包括甘特图、PERT、WBS、责任分配矩阵等。

（3）实施阶段

实施阶段是项目进行到实质性的阶段，具体进行投资、建设或将项目方案与计划付诸行动的过程。主要工作或活动内容包括：

1）建立项目组织。

2）建立项目内的激励约束机制。

3）建立与完善项目沟通渠道。

4）建立项目信息控制系统。

5）执行工作分解结构的各项工作。

6）对工作分解结构各项工作的实施进行指导、监控。

7）对项目中出现的矛盾、冲突加以解决、进行协调等。

在这一阶段，随着项目的进行与发展，伴随着大量有形和无形的管理工作，并且十分强调对项目的控制。该阶段的主要方法和技术包括挣值法、鱼骨图、直方图、帕累托图。

（4）收尾阶段

收尾阶段是指在基本完成项目目标要求的基础上进行项目的确认、验收以及移交的过程，具体工作或活动包括：

1）项目验收。

2）项目审计。

3）项目移交。

4）清算账务。

5）文档总结。

6）解散项目组织。

7）后评价等。

其中项目的后评价可能在收尾阶段进行，但有时可能是在项目投入使用或运行一段时间后进行。该阶段的主要方法和技术包括前后比较法、有无比较法、投资回收期、内部收益率等。

【解答1】

（1）对于变频空调研制项目的组织管理结构，可能采用的组织形式有职能式、矩阵式、项目式。职能式组织结构比较适用于规模较小、偏重于技术的项目，而不适用于环境变化较大的项目。当一个公司中包括许多项目或项目的规模比较大、技术复杂时，则应选择项目式组织机构。同职能式组织结构相比，在对付不稳定的环境时，项目式组织结构显示出了自己潜在的长处，即来自于项目团队的整体性和各类人才的紧密合作。同前两种组织结构相比，矩阵式组织结构无疑在充分利用企业资源上显示出巨大的优越性。它融合了前两种组织结构的优点，在进行技术复杂、规模较大的项目管理时呈现出了明显的优势。

鉴于该项目实施的特点，即技术方面的复杂性和组织协调方面的难度，以及原有公司职能型组织特点，为了保证项目的顺利进行，建议采用强矩阵性项目组织形式。即在由总经理直接领导各职能部门经理的同时，任命一项目经理，直接接受总经理的领导，全权负责变频空调项目的规划实施等工作，该项目经理根据项目需要，组建项目团队，项目中的部分人员接受项目经理和职能经理的双重领导。同时，根据项目需要，可成立专职的项目管理办公室，接受项目经理的直接领导，辅助项目经理进行项目的计划、组织、协调等工作。

该组织结构的特点是项目办直接归总经理领导，以保证该项目的开发成功，也说明了公司领导层对该项目的重视。项目办通过横向的职能机构协调利用公司现有资源，各职能部门在项目办的协调下相互协作，使得项目研制中各职能部门的作用井井有条。

由于矩阵式组织结构形式的特点是将按照职能划分的纵向部门与按照项目划分的横向部门联合起来，以构成类似矩阵的管理系统，因此特别适用于多品种、结构工艺复杂、品种变换频繁的场合，这与本项目的特点是相吻合的。

（2）目标1：研制新款"变频空调"，单机生产成本控制在每台1500元以下，累积无故障运转时间超过5000小时。

目标2：进度要求，自2012年1月1日~2012年6月30日。

目标3：费用要求，研制总费用控制在1000万元以内。

（3）职责矩阵/责任分配矩阵。
（4）变频空调研制项目的生命周期及主要方法和技术如表4-15（答案）所示。

变频空调研制项目的生命周期及主要方法和技术（答案）　　表4-15

阶段序号	阶段名称	阶段主要项目管理方法或技术
阶段1	概念阶段	成本—收益分析，SWOT分析， 德菲尔法，敏感度分析
阶段2	开发阶段	甘特图，PERT， WBS，职责矩阵
阶段3	实施阶段	挣值法，鱼骨图， 直方图，帕累托图
阶段4	收尾阶段	前后比较法，有无比较法， 投资回收期、内部收益率

【问题2】

变频空调研制项目较为复杂，有许多需要进行的工作，为了更好地制定变频空调研制项目计划，更有效地对项目实施过程进行管理与控制，你需要对变频空调研制过程所可能涉及的工作进行分解，通过调研，你决定按照工作分解结构的原理对变频空调的研制工作进行分解，结果见表4-16。

变频空调研制项目工作分解表　　表4-16

总体方案	制动装置制造	电动机试制
总体设计	电脑控制系统	电动机测试
单元定义	电脑控制系统测试	总装与测试
机体	电脑控制系统设计	总装
机体设计	电脑控制系统试制	测试
壳体制造	电动机	项目管理
机芯制造	电动机设计	

请在图4-20的工作分解结构图上，完成树形工作分解结构图，此外，还需要用三位数字给每项工作编码。

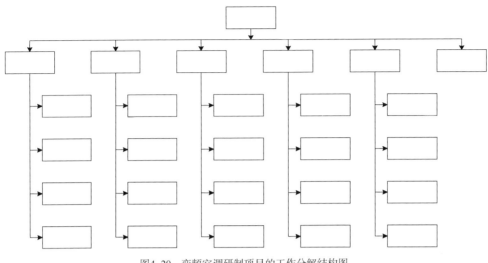

图4-20 变频空调研制项目的工作分解结构图

【理论及方法介绍】

工作分解结构

详见案例4.1中【问题2】。

【解答2】

见图4-21。

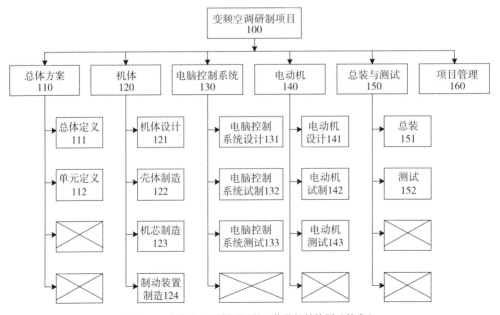

图4-21 变频空调研制项目的工作分解结构图（答案）

【问题3】

经过工作分解后项目的工作范围已经明确，但是为了更好地对变频空调研制过程进行有效监控，保证项目按期、保质完成，你作为项目经理，需要采用网络计划技术对进度进行动态管理。经过分析得到了一张表明工作先后关系及每项工作初步时间估计的工作列表，如表4-17所示。

变频空调研制项目工作列表　　　　　　表4-17

代号	工作名称	工作时间（天）	紧前工作
A	总体设计	15	—
B	单元定义	20	A
C	机体设计	15	B
D	制动装置试制	30	C
E	机芯试制	20	D
F	壳体试制	10	E
G	电脑控制系统设计	30	B
H	电脑控制系统试制	30	G
I	电脑控制系统测试	30	H
J	电动机设计	20	B
K	电动机试制	40	J
L	电动机测试	10	K, D
M	总装	20	F, I, L
N	测试	15	M

（1）请你依据表4-17，绘制出变频空调研制项目实施的双代号网络图。

（2）图4-22给出了根据表4-17绘制的变频空调研制项目的单代号网络计划图，但是经过对初步计划的分析后发现，项目工作之间需要补充下述两个约束关系：

1）"A.总体设计"工作在开始了10天之后"B.单元定义"工作便可开始；

2）"I.电脑控制系统测试"工作完成10天之后"M.总装"工作才可以完成。

请在图4-22已经给出的单代号网络计划图的基础上补充上述关系的限制约束条件。并计算出该项目工作的最早开始时间、最早完成时间、最迟开始时间、最迟完成时间、总时差、自由时差以及项目的计划工期，并用双线条或粗线条标出该项目的关键线路。

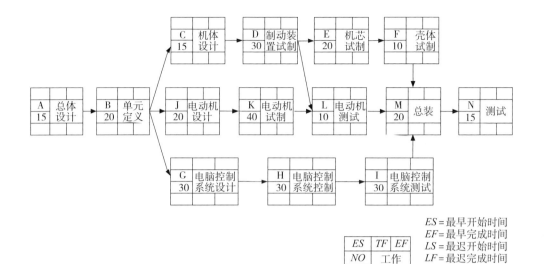

图4-22 变频空调研制项目单代号网络计划图

【理论及方法介绍】

单代号网络图、双代号网络图、关键路径法

详见案例4.1中【问题3】。

【解答3】

(1) 双代号网络计划图见图4-23。

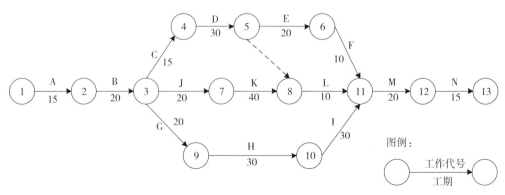

图4-23 变频空调研制项目双代号网络计划图（答案）

（2）单代号网络计划图见图4-24。

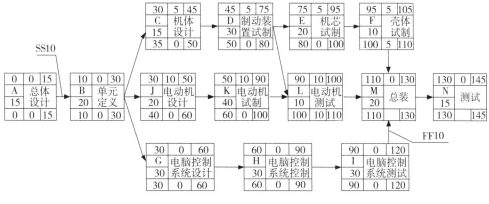

图4-24 变频空调研制项目单代号网络计划图（答案）

该项目的总工期为145天。

【问题4】

为了更好地进行费用管理与控制，需要制定一份项目的费用预算安排，每项工作的费用都包括人力费用和固定费用（材料、设备等）两个部分。每项工作的固定费用的估计值已经列于表4-18中，人力资源性质和工时见表4-19，各类人员的小时工作量成本为：工程师：50元/小时；工人：10元/小时。

变频空调研制项目的费用估计　　　　表4-18

代号	工作名称	固定费用（元）	人力资源费用（元）	总费用（元）	每周平均费用（元/周）
A	总体设计	100000			
B	单元定义	100000			
C	机体设计	50000			
D	制动装置试制	200000			
E	机芯试制	30000			

续表

代号	工作名称	固定费用（元）	人力资源费用（元）	总费用（元）	每周平均费用（元/周）
F	壳体试制	200000			
G	电脑控制系统设计	300000			
H	电脑控制系统试制	100000			
I	电脑控制系统测试	300000			
J	电动机设计	300000			
K	电动机试制	120000			
L	电动机测试	300000			
M	总装	100000			
N	测试	150000			
	总费用	2350000			

（1）请计算各项工作的总费用，并至少给出一项工作总费用计算的过程，总费用计算结果请填入表4-18。

（2）请计算变频空调研制项目预算的总成本。

（3）假设每周5个工作日，每项工作的费用是均匀支付的，请计算每项工作每周需要支付的平均费用，计算结果请填入表4-18，并至少给出一项工作的周平均费用的计算过程。

变频空调研制项目的工作时间及工作量估计表　　　表4-19

代号	工作名称	工作时间（天）	人力资源	工作量估计（工时）
A	总体设计	10	工程师	4000
B	单元定义	10	工程师	4000
C	机体设计	10	工程师	1600
D	制动装置试制	20	工人	16000
E	机芯试制	15	工人	12000
F	壳体试制	10	工人	8000
G	电脑控制系统设计	30	工程师	12000
H	电脑控制系统试制	20	工人	16000
I	电脑控制系统测试	20	工程师	8000
J	电动机设计	20	工程师	4800
K	电动机试制	30	工人	24000

续表

代号	工作名称	工作时间（天）	人力资源	工作量估计（工时）
L	电动机测试	10	工程师	2400
M	总装	10	工人	8000
N	测试	15	工程师	6000

【理论及方法介绍】

1. 项目成本构成、总预算成本

详见案例4.1中【问题4】。

2. 项目预算

详见案例4.1中【问题5】。

【解答4】

（1）项目中每项任务所需的人力资源费用为工时乘以人员的小时工作量成本；任务总费用为人力资源成本加上其他成本（固定费用）。以任务A为例：

人力资源成本：$C_{HRA}=4000×50=200000$元

任务成本（总费用）：$C_A=200000+100000=300000$元

变频空调研制项目的费用估计如表4-20所示。

变频空调研制项目的费用估计（答案） 表4-20

代号	工作名称	固定费用（元）	人力资源费用（元）	总费用（元）	每周平均费用（元/周）
A	总体设计	100000	200000	300000	150000
B	单元定义	100000	200000	300000	150000
C	机体设计	50000	80000	130000	65000
D	制动装置试制	200000	160000	360000	90000
E	机芯试制	30000	120000	150000	50000
F	壳体试制	200000	80000	280000	140000
G	电脑控制系统设计	300000	600000	900000	150000
H	电脑控制系统试制	100000	160000	260000	65000
I	电脑控制系统测试	300000	400000	700000	175000
J	电动机设计	300000	240000	540000	135000

续表

代号	工作名称	固定费用（元）	人力资源费用（元）	总费用（元）	每周平均费用（元/周）
K	电动机试制	120000	240000	360000	60000
L	电动机测试	300000	120000	420000	210000
M	总装	100000	80000	180000	90000
N	测试	150000	300000	450000	150000
	总费用	2350000	2980000	5330000	

（2）变频空调研制项目预算的总成本为5330000元。

（3）每周平均费用为总费用除以工作周数，其中工作周数为工时除以每周工作时间，本项目中为5天。以任务A为例：

每周平均费用：$C_{AA}=300000÷(10÷5)=150000$元

【问题5】

对于变频空调研制项目各项费用进行仔细分析之后，最终制定的各项工作的费用预算修正结果如表4-21所示。该研制项目经过一段时间的实施之后，现在到了第15周，在15周初你对项目前14周的实施情况进行了总结，有关项目各项工作在前14周的执行情况也汇总在表4-21中。

项目各项工作预算及前14周计划与执行情况统计（单位：元）　表4-21

代号	工作名称	预算费用	完成百分比	实际消耗费用	挣得值
A	总体设计	250000	100%	280000	
B	单元定义	300000	100%	300000	
C	机体设计	150000	100%	140000	
D	制动装置试制	300000	100%	340000	
E	机芯试制	150000	100%	180000	
F	壳体试制	350000	0%	0	
G	电脑控制系统设计	900000	100%	920000	
H	电脑控制系统试制	250000	100%	250000	
I	电脑控制系统测试	700000	50%	400000	
J	电动机设计	550000	100%	550000	
K	电动机试制	350000	100%	340000	

续表

代号	工作名称	预算费用	完成百分比	实际消耗费用	挣得值
L	电动机测试	400000	20%	100000	
M	总装	200000	0%		
N	测试	450000	0%		
	总费用	5300000			

（1）计算前14周每项工作的挣得值并填入表4-21中，请至少写出一个工作挣得值的计算公式。

（2）计算项目到第14周末的挣得值（BCWP）。

（3）假设前14周计划完成项目总工作量的65%，请计算项目14周结束时的计划成本（BCWS）。

（4）计算该项目前14周的已完成工作量的实际成本（ACWP）。

（5）根据以上结果分析项目的进度执行情况。

【理论及方法介绍】

挣值法

详见案例4.1中【问题6】。

【解答5】

（1）挣得值即BCWP为预算费用乘以工作完成百分比。

工作L的挣得值为：$E_L = 400000 \times 20\% = 80000$元

（2）某个时间点的挣得值为所有工作在该时间点的挣得值之和。该项目到14周末的挣得值为：

$$\begin{aligned}BCWP_{14} =& 250000 \times 100\% + 300000 \times 100\% + 150000 \times 100\% + 300000 \times 100\% + \\ & 150000 \times 100\% + 350 \times 0 + 900000 \times 100\% + 250000 \times 100\% + \\ & 700000 \times 50\% + 550000 \times 100\% + 350000 \times 100\% + 400000 \times 20\% \\ =& 250000 + 300000 + 150000 + 300000 + 150000 + 0 + 900000 + 250000 + \\ & 350000 + 550000 + 350000 + 80000 \\ =& 3630000 \text{元}\end{aligned}$$

（3）项目14周结束时的计划成本为（BCWS）：

$BCWS_{14} = 5300000$元（总预算）$\times 65\% = 3445000$元

(4) 计算该项目前14周的已完成工作量的实际成本（ACWP）。

$ACWP_{14} = 280000+300000+140000+340000+180000+920000+$
$\qquad 250000+400000+550000+340000+100000$
$\qquad = 3800000 元$

(5) 项目进度偏差为：

$SV_{14} = BCWP_{14} - BCWS_{14} = 3630 - 3445 = 185 > 0$，该项目进度提前。

项目成本偏差为：

$CV_{14} = BCWP_{14} - ACWP_{14} = 3630 - 3800 = -170 < 0$，该项目费用超值。

计算结果见表4-22。

项目各项工作预算及前14周计划与执行情况统计（单位：元）（答案） 表4-22

代号	工作名称	预算费用	完成百分比	实际消耗费用	挣得值
A	总体设计	250000	100%	280000	250000
B	单元定义	300000	100%	300000	300000
C	机体设计	150000	100%	140000	150000
D	传动装置试制	300000	100%	340000	300000
E	滚动试制	150000	100%	180000	150000
F	壳体试制	350000	0%	0	0
G	电脑控制系统设计	900000	100%	920000	900000
H	电脑控制系统试制	250000	100%	250000	250000
I	电脑控制系统测试	700000	50%	400000	350000
J	电动机设计	550000	100%	550000	550000
K	电动机试制	350000	100%	340000	350000
L	电动机测试	400000	20%	100000	80000
M	总装	200000	0%		0
N	测试	450000	0%		0
	总费用	5300000			3630000

第 5 章

项目的风险管理

案例 5.1
节能电瓶生产项目盈亏平衡分析

华鸿混凝土生产公司作为国内制造工业中的领军者，在过去的25年中，通过生产和销售钢筋混凝土获得了良好的效益和口碑。近年来，由于国内房地产投资的非理性增长，房地产领域产能严重过剩，短时间内实现去库存已不可能，这预示着与房地产相关的各个行业也将经历前所未有的寒冬。因此，华鸿公司决定尝试商业经营的转型，缩减现有生产规模，抽出部分资金投资具有良好发展前景的商业领域。

经过广泛的市场调查，公司董事会高层在数次讨论之后，决定投资建厂，进行电动车节能电瓶的批量生产。在此领域投资主要考虑到国家正在大力倡导节能减排，将会不断出台新政策支持节能行业的发展，而社会需求也将会在这一形势下不断增加。为了对该投资项目的风险情况和项目对于各不确定性因素的承受能力进行科学的判断，公司要求财务总监张某估算项目未来的销售收入和经营成本，并进行相应的盈亏平衡分析。

张某在对市场以及设备生产能力进行严谨的分析之后，预计该项目在达产的第一年销售收入为29050万元，税金与附加为4450万元，固定成本13415万元，可变成本6786万元，销售收入与成本费用均采用不含税价格表示，该项目设计生产能力为100万吨。

【问题】

（1）分别计算该项目生产能力利用率、产量和产品售价表示的盈亏平衡点。
（2）计算该项目达到设计生产能力时的年利润。
（3）计算该项目年利润达到2000万元时的最低年产量。

【理论与方法介绍】

1. 盈亏平衡分析
（1）盈亏平衡分析的概念、作用与条件
1）盈亏平衡分析的概念
盈亏平衡分析是在一定市场和经营管理条件下，根据达到设计生产能力时的成本费用与收入数据,通过求取盈亏平衡点,研究分析成本费用与收入平衡关系的一种方法。随着相关因素的变化,企业的盈利与亏损会有一个转折点,称为盈亏平衡点(BEP,Break-Even Point)。在这一点上,销售收入(扣除税金与附加)等于总成本费用,刚好盈亏平衡。

盈亏平衡点的表达形式有多种,可以用产量、产品售价、单位可变成本和年总固定成本等绝对量表示,也可以用某些相对量表示。投资项目决策分析与评价中最常用的是以产量和生产能力利用率表示的盈亏平衡点,也有采用产品售价表示的盈亏平衡点。

2)盈亏平衡分析的作用

通过盈亏平衡分析可以找出盈亏平衡点,考察企业(或项目)对市场引起的产出(销售)量变化的适应能力和抗风险能力。用产量和生产能力利用率表示的盈亏平衡点越低,表明企业适应市场需求变化的能力越大,抗风险能力越强;用产品售价表示的盈亏平衡点越低,表明企业适应市场价格下降的能力越大,抗风险能力越强。盈亏平衡分析只适合在财务分析中应用。

3)线性盈亏平衡分析的条件

进行线性盈亏平衡分析要符合以下四个条件:

①产量等于销售量,即当年生产的产品(扣除自用量)当年完全销售。

②产量变化,单位可变成本不变,从而总成本费用是产量的线性函数。

③产量变化,产品售价不变,从而销售收入是销售量的线性函数。

④只生产单一产品,或者生产多种产品,但可以换算为单一产品计算,也即不同产品负荷率的变化是一致的。

(2)盈亏平衡点的计算方法

盈亏平衡点可以采用公式计算法,也可以采用图解法求取。

1)公式计算法

盈亏平衡点计算公式:

$$BEP(生产能力利用率) = \frac{年总固定成本}{(年销售收入-年总可变成本-年税金及附加)} \times 100\% \quad (5-1)$$

$$BEP(产量) = \frac{年总固定成本}{(单位产品价格-单位产品可变成本-单位产品税金及附加)}$$

$$= BEP(生产能力利用率) \times 设计生产能力 \quad (5-2)$$

$$BEP(产品售价) = \frac{年总固定成本}{设计生产能力} + 单位产品可变成本 + 单位产品税金与附加 \quad (5-3)$$

以上计算公式中的收入和成本均为不含增值税销项税额和进项税额的价格（简称"不含税价格"）。如采用含税价格，式（5-1）分母中应再减去年增值税，式（5-2）分母中应再减去单位产品增值税，式（5-3）中应加上单位产品增值税。

2）图解法

盈亏平衡点可以采用图解法求得，见图5-1。

图5-1中销售收入线（如果销售收入和成本费用都是按含税价格计算的，销售收入中还应减去增值税）与总成本费用线的交点即为盈亏平衡点，这一点所对应的产量即为BEP（产量），也可换算为BEP（生产能力利用率）。

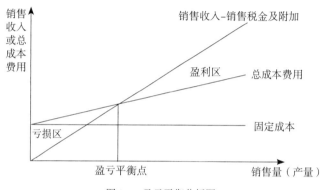

图5-1 盈亏平衡分析图

（3）盈亏平衡分析注意要点

1）盈亏平衡点应按项目达产年份的数据计算，不能按计算期内的平均值计算。这是由于盈亏平衡点表示的是相对于设计生产能力，达到多少产量或负荷率多少才能盈亏平衡，或为保持盈亏平衡最低价格是多少，故必须按项目达产年份的销售收入和成本费用数据计算，如按计算期内的平均数据计算就失去了意义。

2）当计算期内各年数值不同时，最好按还款期间和还完借款以后的年份分别计算。即便在达产后的年份，由于固定成本中的利息各年不同，折旧费和摊销费也不是每年都相同，所以成本费用数值可能因年而异，具体按哪一年的数值计算盈亏平衡点，可以根据项目情况进行选择。一般而言，最好选择还款期间的第一个达产年和还完借款以后的年份分别计算，以便分别给出最高的盈亏平衡点和最低的盈亏平衡点。

【解答】

（1）按照公式（5-1）~（5-3）逐一计算：

BEP（生产能力利用率）=[13415 / (29050-6786-4450)]×100%=75.31%

BEP（产量）$= 100 \times 75.31\% = 75.31$ 万t

或 BEP（产量）$= 13415/(29050/100-6786/100-4450/100) = 75.31$ 万t

BEP（产品售价）$= (13415/100)+(6786/100)+(4450/100) = 246.51$ 元/t

因达产第一年时，一般项目利息负担较重，固定成本较高。该盈亏平衡点实为项目计算期内各年的较高值。计算结果表明，在生产负荷达到设计能力的75.31%时可盈亏平衡，说明项目有一定的市场适应能力。而为了维持盈亏平衡，允许产品售价最低降至246.51元/t。

（2）利润 = 销售收入 − 税金及附加 − （年总固定成本 + 年总变动成本）

该项目达到设计生产能力时的年利润 = 29050 − 4450 − (13415 + 6786) = 4399 万元

（3）设该项目年利润达到2000万元时的最低年产量为 Q，则：

$(29050-4450)/100 \times Q - (13415+6786/100 \times Q) = 2000$

可得：$Q = 86.53$ 万t，即该项目年利润达到2000万元的最低产量应为86.53万t。

案例 5.2
鸿达公司制图桌灯项目的财务风险分析

鸿达公司是一家致力于专业音响、灯光领域的集生产、销售、租赁于一体的综合性公司。公司拥有完整、科学的质量管理体系。由于公司生产销售的产品与行业内同类产品相比具有节能、使用寿命长的特点，在过去的20年里，公司的市场份额不断扩大。目前公司高层正考虑将现有的生产线进行拓展，市场总监建议公司进入边际利润较高的制图桌灯市场。为此，公司聘请了一家咨询公司开展项目前期咨询，并向该咨询公司支付了3万元的咨询费。咨询公司经过一段时间调研之后，向鸿达公司递交了一份详细的分析报告，报告中包含以下的基础调研数据。

（1）项目基础数据：项目建设期1年，经营期5年；固定资产采用平均年限法计提折旧，折旧年限为5年，预计净残值为10万元；税金及附加为营业收入的1%；贷款年利率为8%；公司的所得税税率为25%。

（2）项目投资估算：项目新增设备购置和安装费200万元，在建设期初投入，项目经营期末转卖，估计售价为10万元。

（3）项目成本和收入预测：项目外购原材料、燃料及动力费用预计为11元/盏，支付工资为5元/盏，无需新增营业费用、管理费用。新式桌灯销售价格预计为40元/

盏。新式桌灯经营成本占销售收入的40%（各项收入中不含增值税进项税额，各项成本中不含增值税销项税额）。

（4）项目资金筹措：工程咨询费用以企业自有资金在建设期末支付；设备购置和安装费的40%来自自有资金，60%用银行借款，借款在建设期初借入，借款本息在经营期前3年内采用等额还本、利息照付方式偿还；流动资金全部来自自有资金。

（5）项目经营期各年销售量及流动资金占用额见表5-1，为计算简便，假设生产标准桌灯占用的流动资金不变。

新式桌灯各年预计销售量及流动资金占用额表　　　　表5-1

经营期年份	1	2	3	4	5
销售量（万盏）	4.5	4	3	2	2
流动资金占用额（万元）	18	16	12	8	4

（6）本项目的主要风险变量是产品价格和原材料价格，其概率分布和相应的项目财务净现值见表5-2。

概率分布及项目财务净现值　　　　表5-2

产品价格		原材料价格		净现值（万元）
状态	概率	状态	概率	
上涨	0.35	上涨	0.4	41.82
		不变	0.5	77.51
		下降	0.1	94.29
不变	0.5	上涨	0.4	21.35
		不变	0.5	37.13
		下降	0.1	54.91
下降	0.15	上涨	0.4	-18.036
		不变	0.5	-1.25
		下降	0.1	25.31

【问题】

（1）计算项目的总投资。

（2）计算项目经营期第1年的偿债备付率，并据此判断项目当年的偿债能力。

（3）计算项目经营期第5年的所得税前净现金流量。

（4）计算项目净现值大于等于零的累计概率，并据此判断项目的财务风险大小。

（注：①计算中不考虑购置固定资产增值税进项税抵扣的相关影响。②计算过程及结果均保留两位小数。③计算结果相关数据需填入表5-3~表5-5。）

还本付息表（单位：万元） 表5-3

序号	费用名称	建设期	经营期				
		0	1	2	3	4	5
1	年初借款累计						
2	当年借款						
3	当年应计利息						
4	当年还本付息						
5	当年还本						
6	当年应还利息						

总成本费用表（单位：万元） 表5-4

序号	费用名称	经营期				
		1	2	3	4	5
1	外购燃料等					
2	工资薪酬等					
3	年折旧费					
4	利息支出					
5	总成本费用					
6	年经营成本					
7	销售收入					

财务现金流量表（单位：万元） 表5-5

序号	项目	0	1	2	3	4	5
1	现金流入						
1.1	营业收入						

续表

序号	项目	0	1	2	3	4	5
1.2	回收固定资产余值						
1.3	回收流动资金						
2	现金流出						
2.1	建设期投资						
2.2	流动资金						
2.3	经营成本						
2.4	税金及附加						
3	税前净现金流量						
4	所得税						
5	税后净现金流量						
6	累计净现金流量						
7	净现金流量现值						
8	累计净现金流量现值						

【理论及方法介绍】

1. 项目总投资

详见案例3.1。

2. 偿债备付率

详见案例3.10。

3. 现金流量分析

详见案例3.8。

4. 概率分析

概率分析是借助现代计算技术，运用概率论和数理统计原理进行概率分析，求得风险因素取值的概率分布，并计算期望值、方差或标准差和离散系数，表明项目的风险程度。

（1）概率分析的理论计算法

由于项目评价中效益指标与输入变量（或风险因素）间的数量关系比较复杂，概率分析的理论计算法一般只适用于服从离散分布的输入与输出变量。

1）假定输入变量之间是相互独立的，可以通过对每个输入变量各种状态取值的不同组合计算项目的内部收益率或净现值等指标。根据每个输入变量状态的组合计算得到的内部收益率或净现值的概率为每个输入变量所处状态的联合概率，即各输入变量所处状态发生概率的乘积。

若输入变量有 A，B，C，$\cdots$，N，每个输入变量有状态 A_1，A_2，$\cdots$，A_{n_1}；B_1，B_2，$\cdots$，B_{n_2}；$\cdots$；N_1，N_2，$\cdots$，N_n，则各种状态发生的概率为：

$$\sum_{i=1}^{n_1} P|A_i| = P|A_1| + P|A_2| + \cdots + P|A_n| = 1 \quad (5-4)$$

$$\sum_{i=1}^{n_2} P|B_i| = 1 \quad (5-5)$$

$$\sum_{i=1}^{n_n} P|N_i| = 1 \quad (5-6)$$

因此，各种状态组合的联合概率为 $P(A_1)P(B_1)\cdots P(N_1)$；$P(A_2)P(B_2)\cdots P(N_2)$，$P(A_{n_1})P(B_{n_1})\cdots P(N_{n_n})$，共有这种状态组合和相应的联合概率 $N_1 \times N_2 \times \cdots \times N_n$ 个。

2）评价指标（净现值或内部收益率）由小到大进行顺序排列，列出相应的联合概率和从小到大的累计概率，并绘制评价指标为横轴，累计概率为纵轴的累计概率曲线。计算评价指标的期望值、方差、标准差和离散系数（$\sigma / \bar{x}$）。

3）根据评价指标 $NPV=0$，$IRR=i_c(i_s)$，由累计概率表计算 $P[NPV(i_c)<0]$ 或 $P[IRR<i_c]$ 的累计概率，同时也可获得：

$$P[NPV(i_c) \geqslant 0] = 1 - P[NPV(i_c) < 0] \quad (5-7)$$

$$P(IRR \geqslant i_c) = 1 - P[IRR < i_c] \quad (5-8)$$

当需计算准确地累计概率时，可用插值法进行计算。

当输入变量数和每个变量可取的状态数较多时，状态组合数过多，一般不适于使用概率分析方法。若各输入变量之间不独立而存在相互关联时，也不适于使用这种方法。

【解答】

（1）项目总投资的计算：

项目的建设投资：200+3=203万元；

建设期贷款利息=200×60%×8%=9.6万元（因借款在建设期初借入，因此需要全额计息）；

项目总投资=建设期投资+建设期利息+流动资金=203+9.6+18=230.6万元；

还本付息表，见表5-6。

还本付息表（单位：万元）　　　　　表5-6

序号	费用名称	建设期	经营期				
		0	1	2	3	4	5
1	年初借款累计	0.00	129.60	86.40	43.20		
2	当年借款	120.00	0.00	0.00	0.00		
3	当年应计利息	9.60	10.37	6.91	3.46		
4	当年还本付息		53.57	50.11	46.66		
5	当年还本		43.20	43.20	43.20		
6	当年应还利息		10.37	6.91	3.46		

第1年，外购燃料等：11×4.5=49.5万元；

第1年，工资薪酬等：5×4.5=22.5万元；

年折旧额：(203+9.6-10)÷5=40.52万元；

第1年，经营成本：49.5+22.5=72万元；

总成本费用表，见表5-7。

第1年，销售收入：40×4.5=180万元。

总成本费用表（单位：万元）　　　　　表5-7

序号	费用名称	经营期				
		1	2	3	4	5
1	外购燃料等	49.50	44.00	33.00	22.00	22.00
2	工资薪酬等	22.50	20.00	15.00	10.00	10.00
3	年折旧费	40.52	40.52	40.52	40.52	40.52
4	利息支出	10.37	6.91	3.46		
5	总成本费用	122.89	111.43	91.98	72.52	72.52
6	年经营成本	72.00	64.00	48.00	32.00	32.00
7	销售收入	180.00	160.00	120.00	80.00	80.00

（2）经营期第1年息税前利润＝180－122.89－180×1%+10.37＝65.68万元；

经营期第1年的所得税＝(65.68－10.37)×25%＝13.83万元；

经营期第1年应还本付息额 ＝43.2+10.37＝53.57万元

经营期第1年偿债备付率＝(65.68+40.52－13.83)/53.57＝1.72

该项目偿债备付率大于1，说明该项目可用于还本付息的资金保障程度高。

（3）根据前面计算的数据填写财务现金流量表，见表5-8。

财务现金流量表（单位：万元）　　　　表5-8

序号	项目	0	1	2	3	4	5
1	现金流入		180.00	162.00	124.00	84.00	98.00
1.1	营业收入		180.00	160.00	120.00	80.00	80.00
1.2	回收固定资产余值						10.00
1.3	回收流动资金			2.00	4.00	4.00	8.00
2	现金流出	203.00	91.80	65.60	49.20	32.80	32.80
2.1	建设期投资	203.00					
2.2	流动资金		18.00				
2.3	经营成本		72.00	64.00	48.00	32.00	32.00
2.4	营业税及附加		1.80	1.60	1.20	0.80	0.80
3	税前净现金流量	-203.00	88.20	96.40	74.80	51.20	65.20
4	所得税		13.83	11.74	6.71	1.67	1.67
5	税后净现金流量	-203.00	74.37	84.66	68.09	49.53	63.53
6	累计净现金流量	-203.00	-128.63	-43.97	24.12	73.65	137.18
7	系数	1	0.93	0.86	0.79	0.74	0.68
8	净现金流量现值	-203.00	68.86	72.58	54.05	36.40	43.24
9	累计净现金流量现值	-203.00	-134.14	-61.56	-7.51	28.90	72.13

经营期第5年的所得税前净现金流量＝现金流入－现金流出

＝（营业收入＋回收固定资产余值＋回收流动资金）－（经营成本＋营业税金及附加）

＝（80+10+8）－（32+0.8）＝65.2万元。

（4）计算累计概率，并按照从小到大进行排列，见表5-9。

累计概率计算　　　　表5-9

净现值（万元）	概率	累计概率
-18.036	0.15×0.4=0.06	0.06
-1.25	0.15×0.5=0.075	0.135
21.35	0.5×0.4=0.2	0.335

其余情况的概率均大于0，因此略

由表5-9可知，累计概率在13.5%~33.5%之间由负变正，进一步采用插值法求得净现值小于零的累计概率为：

P[NPV(8%)<0]=0.135+(0.335−0.135)×[1.25/（1.25+21.35）]=0.146= 14.6%

净现值大于等于零的累计概率＝1−14.6%＝85.4%，该项目的财务风险很小。

案例 5.3
海润公司新厂房建设项目风险的概率分析

海润股份有限公司是一家大型水泥生产企业，公司成立于1978年，伴随着我国30年改革开放的步伐，从昔日的荒山野岭到现代化的水泥企业，从单一的山区工厂到大型的企业集团，海润走过了一条从无到有、从小到大的成长之路，创建了富有特色的海润发展模式，开辟了我国水泥行业低投资、国产化的先河。海润之所以有今天的成就很大程度在于其懂得紧跟时代的步伐，不断与时俱进。公司的生产线全部采用先进的新型干法水泥工艺技术，此技术具有产量高、能耗低、自动化程度高、劳动生产率高、环境友好等特点。多年来，依靠科技创新，集团致力打造生态环保型水泥产业，发展循环经济，受到政府的大力支持。

随着公司市场份额的不断增长，现有的生产车间即使满负荷生产也无法满足市场的需求。因此，董事会决定在鲁西北交通枢纽德州兴建新的厂房。预计新厂房生产能力为550万t/年，总投资为140000万元，其中建设投资为125000万元，建设期利息为5300万元，流动资金为9700万元。根据融资方案，资本金占项目总投资的比例为35%，由A、B两个股东直接投资，其资金成本采用资本资产定价模型进行确定，其中社会无风险投资收益率为3%，市场投资组合预期收益率为8%，该项目投资风险系数参照该行业上市公司的平均值取0.8，项目其余投资来自银行长期贷款，贷款年利率为7%，所得税税率为25%。

该厂房达到正常生产年份的营业总收入为125000万元，税金及附加为1200万元，固定成本为42500万元，可变成本为21000万元（收入和成本均以不含增值税价格表示）。

在对该项目进行不确定性分析时，设定投资不变，预测产品售价和经营成本发生变化的概率见表5-10。

可能事件及其对应的财务净现值　　　　　　　　　表5-10

投资（万元）	销售收入		经营成本		净现值（万元）
	变化状态	概率	变化状态	概率	
140000	-20%	0.25	-20%	0.2	10344
			0	0.5	-33304
			+20%	0.3	-77557
	0	0.5	-20%	0.2	87036
			0	0.5	43388
			+20%	0.3	-864
	+20%	0.25	-20%	0.2	163712
			0	0.5	120064
			+20%	0.3	75812

【问题】

（1）计算该项目融资方案的总体税后融资成本。

（2）计算该项目达到盈亏平衡时的生产能力利用率，并判断项目对市场的适应能力。

（3）计算该项目财务净现值大于等于零的概率，并判断本项目的财务抗风险能力。

（4）说明当项目面临风险时，常用的风险对策有哪些。

【理论及方法介绍】

1. 资本资产定价模型

在资本资产定价模型下，资产收益率的公式表示如下：

$$E(R) = R_f + \beta(E[R_m] - R_f) \quad (5-9)$$

式中：R_f——无风险收益率；

$E(R_m)$——市场组合的收益率；

β——个别资产的贝塔系数。

在该模型中，R_f在实际操作中一般使用5年期、10年期或30年期国库券的利率；β值反映了个别资产的风险收益率与市场收益率的相关性，它度量的是个别资产的不可分散风险。β值的确定是一件很复杂的事。对于上市公司，财务学研究者和一些商业性服务机构可以提供证券的β值。

2. 概率分析

详见案例5.2。

3. 风险应对

任何经济活动都可能有风险，面对风险人们的选择可能不同。由于风险具有威胁和机会并存的特征；所以应对风险的对策可以归纳为消极风险或威胁的应对策略及积极风险或机会的应对策略。前者的具体对策一般包括风险回避、风险减轻、风险转移和风险接受，针对的是可能对项目目标带来消极影响的风险；后者针对的是可以给项目带来机会的某些风险，采取的策略总是着眼于对机会的把握和充分利用。由于大多数投资项目决策过程中更为关注的是可能给项目带来威胁的风险，因此下面陈述的主要风险对策仅涉及消极风险或威胁的应对策略。

（1）风险回避

风险回避是彻底规避风险的一种做法，即断绝风险的来源。对投资项目可行性研究而言就意味着提出推迟或否决项目的建议或者放弃采纳某一具体方案。在可行性研究过程中，通过信息反馈彻底改变原方案的做法也属风险回避方式。如风险分析显示产品市场方面存在严重风险，若采取回避风险的对策，就会做出缓建（待市场变化后再予以考虑）或放弃项目的决策。这样固然避免了可能遭受损失的风险，同时也放弃了投资获利的可能，因此风险回避对策的采用一般都是很慎重的，只有在对风险的存在与发生，对风险损失的严重性有把握的情况下才有积极意义。所以风险回避一般适用于两种情况：其一是某种风险可能造成相当大的损失，且发生的频率较高；其二是应用其他的风险对策防范风险代价昂贵，得不偿失。

（2）风险减轻

风险减轻是指把不利风险事件发生的可能性和（或）影响降低到可以接受的临界值范围内，也是绝大部分项目应用的主要风险对策。提前采取措施以降低风险发生的可能性和（或）可能给项目造成的影响，比风险发生后再设法补救要有效得多。可行性研究报告的风险对策研究应十分重视风险减轻措施的研究，应就识别出的关键风险因素逐一提出技术上可行、经济上合理的预防措施，以尽可能低的风险成本来降低风险发生的可能性，并将风险损失控制在最小程度。在可行性研究过程中所做风险对策研究提出的风险减轻措施运用于方案的再设计；在可行性研究完成之时的风险对策研究可针对决策、设计和实施阶段提出不同的风险减轻措施，以防患于未然。典型风险减轻措施包括通过降低技术方案复杂性的方式降低风险事件发生的概率，通过增加那些可能出现风险的技术方案的安全冗余度以降低日后一旦风险发生可能带来的负面效果。

风险减轻措施必须针对项目具体情况提出，既可以是项目内部采取的技术措施、工程措施和管理措施等，也可以采取向外分散的方式来减少项目承担的风险。如银行为了减少自己的风险，只贷给投资项目所需资金的一部分，让其他银行和投资者共担风险。在资本筹集中采用多方出资的方式也是风险分散的一种方法。

（3）风险转移

风险转移是试图将项目业主可能面临的风险转移给他人承担，以避免风险损失的一种方法。转移风险是把风险管理的责任简单地推给他人，而并非消除风险。一般情况下，采用风险转移策略需要向风险承担者支付风险费用。

转移风险有两种方式，一是将风险源转移出去，二是只把部分或全部风险损失转移出去。就投资项目而言，第一种风险转移方式是风险回避的一种特殊形式。如将已做完前期工作的项目转给他人投资。

第二种风险转移方式又可细分为保险转移方式和非保险转移方式两种。保险转移是采取向保险公司投保的方式将项目风险损失转嫁给保险公司承担，如对某些人力难以控制的灾害性风险就可以采取保险转移方式，但应注意，保险公司承保的风险并不涵盖所有人力难以控制的灾难性风险。

非保险转移方式是项目前期工作涉及较多的风险对策，如采用新技术可能面临较大的风险，可行性研究中可以提出在技术合同谈判中注意加上保证性条款，如达不到设计能力或设计消耗指标时的赔偿条款等，以将风险损失全部或部分转移给技术转让方，在设备采购和施工合同中也可以采用转嫁部分风险的条款，如采用总价合同形式将风险转移给卖方。

无论采用何种风险转移方式，风险的接收方应具有更强的风险承受能力或更有利的处理能力。

（4）风险接受

顾名思义，风险接受就是将风险损失留给项目业主自己承担。风险接受措施可能是主动的，也可能是被动的。已知有风险但由于可能获利而需要冒险，而且此时无法采用其他的合理应对策略，必须被动地保留和承担这种风险。另一种情况是已知有风险，但若采取某种风险措施，其费用支出会大于自担风险的损失时，常常主动接受风险，最常见的主动接受策略是建立应急储备，安排一定的时间、资金或资源来应对风险。

以上所述的风险对策不是互斥的，实践中常常组合使用。比如在采取措施降低风险的同时并不排斥其他的风险对策，例如向保险公司投保。可行性研究中应结合项目的实际情况，研究并选用相应的风险对策。

【解答】

(1) 由资本资产定价模型进行计算:

股东直接投资资金成本=3%+0.8×(8%-3%)=7%

银行长期贷款所得税后资金成本=7%×(1-25%)=5.25%

项目融资方案的总体税后资金成本=7%×35%+5.25%×65%=5.86%

(2) 根据生产能力利用系数法计算:

生产能力利用系数=年总固定成本÷(年销售收入−年总可变成本−年税金及附加)×100%=42500÷(125000−21000−1200)×100%=41.34%

计算结果表明,在生产负荷达到设计生产能力的41.34%时即可盈亏平衡,说明该项目对市场的适应能力较强。

(3) 运用概率分析和插值法计算财务净现值大于等于零的概率,概率树见图5-2。

发生的可能性及其对应的财务净现值见表5-11。

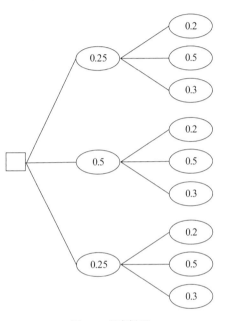

图5-2 概率树图

发生的可能性及其对应的财务净现值　　　　表5-11

发生的可能性	净现值(万元)
0.25×0.2=0.05	10344
0.25×0.5=0.125	−33304
0.25×0.3=0.075	−77557
0.5×0.2=0.1	87036
0.5×0.5=0.25	43388
0.5×0.3=0.15	−864
0.25×0.2=0.05	163712
0.25×0.5=0.125	120064
0.25×0.3=0.075	75812

按净现值从小到大排列并计算累计概率,见表5-12。

累计概率计算表 表5-12

净现值（万元）	概率	累计概率
-77557	0.075	0.075
-33304	0.125	0.2
-864	0.15	0.35
10344	0.05	0.4
43388	0.25	0.65
75812	0.075	0.725
87036	0.1	0.825
120064	0.125	0.95
163712	0.05	1.0

由上表可知，累计概率在35%~40%之间，净现值由负变正，从插值法可求得净现值小于零的概率为

$$P[NPV(7\%)<0]=0.35+(0.4-0.35)\times 864/(864+10344)=35.4\%$$

即项目不可行的概率为0.354，计算得出的净现值大于等于零的可能性为64.6%，因此该项目的抗风险能力较强。

（4）风险应对方法

1）风险回避：是彻底规避风险的一种方法，及断绝风险的来源，对投资项目分析与评价而言就意味着提出推迟或否决项目的建议。

2）风险控制：是针对可控性风险采取的防止风险发生、减少风险损失的对策。

3）风险转移：是将项目业主可能面临的风险转移给他人承担，以避免损失的一种方法。

4）风险自担：将风险损失留给业主自己承担。

案例 5.4
经纬科技公司新厂建设项目单因素敏感性分析

经纬科技有限公司是一家汽车二级组件供应商，其主营业务是向全国各大汽车生产商提供汽车内置收音机的半成品，它最大的客户是上海大众汽车有限公司。经纬公司在业内一直以提供质量可靠、价格低廉的优质产品而享有良好的声誉。公司拥有完整、科学的质量管理、运营管理体系，而且在建厂十几年以来，公司一直致力于市场

的开拓和产品质量的提高。2015年6月的市场统计数据显示，公司已经在汽车内置收音机半成品供应市场处于领军地位，占据国内此领域50%的市场份额。

2016年初，公司市场部门突然向董事会报告了一个令人震惊的商业信息，经调查，美国凯瑞达电子科技公司将在上海建厂进行汽车内置收音机半成品的生产，预计2017年底将竣工投产。由于公司现在没有位于上海的加工工厂，上海方面的产品需求供给都是异地运输，这无疑增加了产品的成本，凯瑞达公司建成后生产的产品将因此拥有价格优势，如果真是那样，公司将不可避免的失去上海市场。在听到这个消息之后，公司高层召开紧急会议商讨应对策略，会议最终一致通过了立刻在上海投资建厂的决议，这样不仅可以应对未来的价格竞争危机，而且对公司以后的持续发展也是非常有利的。

经估算，该项目预计总投资1200万元，建成后预计年产量为10万台，产品价格为35元/台，年经营成本预计为120万元，考虑到设备的使用寿命，该项目预计经济寿命期为10年，届时设备残值为80万元，基准折现率为10%（$i=10\%$的复利系数如表5-13所示）。

复利系数表　　　　　　　　　　　表5-13

i	n	$F/P, i, n$	$P/F, i, n$	$P/A, i, n$	$F/A, i, n$
10%	1	1.1000	0.9091	0.9091	1.0000
	2	1.2100	0.8264	1.7355	2.1000
	3	1.3310	0.7513	2.4869	3.3100
	4	1.4641	0.6830	3.1699	4.6410
	5	1.6105	0.6209	3.7908	6.1051
	6	1.7716	0.5645	4.3553	7.7156
	7	1.9487	0.5132	4.8684	9.4872
	8	2.1436	0.4665	5.3349	11.4359
	9	2.3579	0.4241	5.7590	13.5795
	10	2.5937	0.3855	6.1446	15.9374

【问题】

试以NPV作为评价指标，就投资额、产品价格及方案寿命期（浮动±10%、±15%、±20%）进行敏感性分析。

【理论及方法介绍】

1. 敏感性分析

敏感性分析用以考察项目涉及的各种不确定因素对项目基本方案经济评价指标的

影响，找出敏感因素，估计项目效益对它们的敏感程度，粗略预测项目可能承担的风险，为进一步的风险分析打下基础。

敏感性分析通常是改变一种或多种不确定因素的数值，计算其对项目效益指标的影响，通过计算敏感度系数和临界点，估计项目效益指标对它们的敏感程度，进而确定关键的敏感因素。通常将敏感性分析的结果汇总于敏感性分析表，也可通过绘制敏感性分析图显示各种因素的敏感程度并求得临界点。最后对敏感性分析的结果进行分析并提出减轻不确定因素影响的措施。

敏感性分析包括单因素敏感性分析和多因素敏感性分析。单因素敏感性分析是指每次只改变一个因素的数值来进行分析，估算单个因素的变化对项目效益产生的影响；多因素分析则是同时改变两个或两个以上因素进行分析，估算多因素同时发生变化的影响。为了找出关键的敏感因素，通常多进行单因素敏感性分析。必要时，可以同时进行单因素敏感性分析和多因素敏感性分析。

（1）敏感性分析的方法与步骤

1）选取不确定因素

进行敏感性分析首先要选定不确定因素并确定其偏离基本情况的程度。不确定因素是指那些在项目决策分析与评价过程中涉及的对项目效益有一定影响的基本因素。敏感性分析不可能也不需要对项目涉及的全部因素都进行分析，而只是对那些可能对项目效益影响较大的、重要的不确定因素进行分析。不确定因素通常根据行业和项目的特点，参考类似项目的经验特别是项目后评价的经验进行选择和确定。经验表明，通常应予进行敏感性分析的因素包括建设投资、产出价格、主要投入价格或可变成本、运营负荷、建设期以及人民币外汇汇率等，根据项目的具体情况也可选择其他因素。

2）确定不确定因素变化程度

敏感性分析通常是同时针对不确定因素的不利变化和有利变化进行，以便观察各种变化对效益指标的影响，并编制敏感性分析表或绘制敏感性分析图。

一般是选择不确定因素变化的百分率，为了作图的需要可分别选取 $\pm 5\%$、$\pm 10\%$、$\pm 15\%$、$\pm 20\%$等。对于那些不便用百分数表示的因素，如建设期，可采用延长一段时间表示，例如延长一年。

百分数的取值其实并不重要，因为敏感性分析的目的并不在于考察项目效益在某个具体的百分数变化下发生变化的具体数值，而只是借助它进一步计算敏感性分析指标，即敏感度系数和临界点。

3）选取分析指标

建设项目经济评价有一整套指标体系，敏感性分析可选定其中一个或几个主要指标进行。最基本的分析指标是内部收益率或净现值,根据项目的实际情况也可选择投资回收期等其他评价指标,必要时可同时针对两个或两个以上的指标进行敏感性分析。

通常财务分析的敏感性分析中必选的分析指标是项目投资财务内部收益率。

4)计算敏感性分析指标

①敏感度系数

敏感度系数是项目效益指标变化的百分率与不确定因素变化的百分率之比。敏感度系数高,表示项目效益对该不确定因素敏感程度高,提示应重视该不确定因素对项目效益的影响。敏感度系数计算公式如下:

$$E = \frac{\Delta A/A}{\Delta F/F} \tag{5-10}$$

式中:E——评价指标A对于不确定因素F的敏感度系数;

$\Delta A/A$——不确定因素F发生$\Delta F/F$变化时,评价指标A的相应变化率(%);

$\Delta F/F$——不确定因素F的变化率(%)。

$E>0$,表示评价指标与不确定因素同方向变化;$E<0$,表示评价指标与不确定因素反方向变化,E较大者敏感度系数高。

敏感度系数的计算结果可能受到不确定因素变化率取值不同的影响,所以敏感度系数的数值会有所变化。但其数值大小并不是计算该项指标的目的,重要的是各不确定因素敏感度系数的相对值,借此了解各不确定因素的相对影响程度,以选出敏感度较大的不确定因素。因此虽然敏感度系数有以上缺陷,但在判断各不确定因素对项目效益的相对影响程度上仍然具有一定的作用。

②临界点

临界点是指不确定因素的极限变化,即不确定因素的变化使项目由可行变为不可行的临界数值。也可以说是该不确定因素使内部收益率等于基准收益率或净现值变为零时的变化率,当该不确定因素为费用科目时,为其增加的百分率;当该不确定因素为效益科目时为其降低的百分率。临界点也可用该百分率对应的具体数值(转换值,Switching Value)表示。当不确定因素的变化超过了临界点所表示的不确定因素的极限变化时,项目效益指标将会转而低于基准值,表明项目将由可行变为不可行。

可以通过敏感性分析图求得临界点的近似值,但由于项目效益指标的变化与不确定因素变化之间不完全是直线关系,有时误差较大,因此最好采用试算法或函数求解。

5)敏感性分析的结果表述

①编制敏感性表

将敏感性分析的结果汇总于敏感性分析表,在敏感性分析表中应同时给出基本方案的指标数值、所考虑的不确定因素及其变化、在这些不确定因素变化的情况下项目效益指标的计算数值,并据此编制各不确定因素的敏感度系数与临界点分析表,也可将其与敏感性分析表合并成一张表,如表5-14所示。

某项目敏感性分析表　　　　　　表5-14

序号	不确定因素	不确定因素变化率（%）	财务内部收益率	敏感度系数	临界点
	基本方案		15.3%		
1	建设投资变化	10%	12.6%	−1.76	12.3%
		−10%	18.4%	−2.04	
2	销售价格变化	10%	19.6%	2.81	−7.1%
		−10%	10.6%	3.07	
3	原材料价格变化	10%	13.8%	−0.95	22.4%
		−10%	16.7%	−0.94	
4	汇率变化	10%	14.2%	−0.71	32.2%
		−10%	16.4%	−0.75	
5	负荷变化	10%	17.9%	1.72	−11.2%
		−10%	12.4%	1.92	

注:1. 表中的基本方案是指项目财务分析中按所选定投入和产出的相关数值计算的指标。

2. 求临界点的基准收益率为12%。

3. 表中临界点系采用函数计算的结果。临界点为正,表示允许该不确定因素升高的比率;临界点为负,表示允许该不确定因素降低的比率。

4. 表中敏感度系数为负,说明效益指标变化方向与不确定因素变化方向相反;敏感系数为正,说明效益指标变化方向与不确定因素变化方向相同。

5. 表中仅列出不确定因素变化率为 ±10% 的情况。为了绘制敏感性分析图,还测算了变化率为 ±20% 和 ±30% 的情况。

6. 以建设投资增加10%和销售价格降低10%为例,说明表5-14中敏感度系数的计算。

建设投资增加10%时:

$\Delta A/A = (0.126-0.153)/0.153 = -0.176$

$E_{建} = -0.176/0.1 = -1.76$

式中:$E_{建}$——效益指标对建设投资的敏感度系数。敏感度系数为负,说明建设投资增加导致内部收益率降低。

销售价格降低10%时:

$\Delta A/A = (0.106-0.153)/0.153 = -0.307$

$E_{销} = (-0.307)/(-0.1) = 3.07$

式中:$E_{销}$——效益指标对销售价格的敏感度系数。敏感度系数为正,说明销售价格降低导致内部收益率降低。

比较上边两个敏感度系数的绝对值,可以看出 $E_{销}$ 大于 $E_{建}$,说明销售价格比建设投资对项目效益指标的影响程度相对较大,也即项目效益指标对销售价格的敏感程度高于对建设投资的敏感程度。

②绘制敏感性分析图

根据敏感性分析表中的数值可以绘制敏感性分析图，横轴为不确定因素变化率，纵轴为项目效益指标。图中曲线可以明确表明项目效益指标变化受不确定因素变化的影响趋势，并由此求出临界点。图5-3是典型的敏感性分析图。

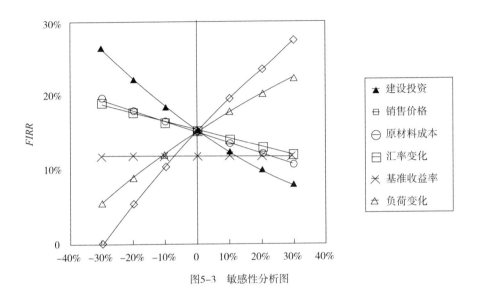

图5-3　敏感性分析图

图5-3是根据表5-14以及相关数据绘制的。横轴为不确定因素的变化率，纵轴为内部收益率的数值。图中共有5条内部收益率随不确定因素的变化曲线，还有1条基准收益率线。每条曲线分别代表内部收益率随着各种不确定因素变动而发生的变化。以销售价格为例，当销售价格提高时，内部收益率随之提高，而销售价格降低时，内部收益率随之降低。内部收益率随销售价格的变化曲线与基准收益率线相交的交点，就是销售价格变化的临界点，用该点对应的不确定因素的变化率表示。用该变化率换算的不确定因素的变化数值就称为临界值。可以看出，销售价格降低的临界点约为7%，说明在基准收益率为12%时允许销售价格降低的极限是7%。

6）对敏感性分析结果进行分析

对敏感性分析表和敏感性分析图显示的结果进行文字说明，将不确定因素变化后计算的经济评价指标与基本方案评价指标进行对比分析，分析中应注重以下三个方面：

①结合敏感度系数及临界点的计算结果，按不确定因素的敏感程度进行排序，找出哪些因素是较为敏感的不确定因素。可通过直观检测得知或观察其敏感度系数和临界点，敏感度系数较高者或临界点较低者为较为敏感的因素。

②定性分析临界点所表示的不确定因素变化发生的可能性。以可行性研究报告前

几章的分析研究为基础，结合经验进行判断，说明所考察的某种不确定因素有否可能发生临界点所表示的变化，并做出风险的粗略估计。

③归纳敏感性分析的结论，指出最敏感的一个或几个关键因素，粗略预测项目可能的风险。对于不系统进行风险分析的项目，应根据敏感性分析结果提出相应的减轻不确定因素影响的措施，提请项目业主、投资者和有关各方在决策和实施中注意，以尽可能降低风险，实现预期效益。

（2）敏感性分析的不足

敏感性分析虽然可以找出项目效益对之敏感的不确定因素，并估计其对项目效益的影响程度，但却并不能得知这些影响发生的可能性有多大，这是敏感性分析最大的不足之处。

对于项目风险估计而言，仅回答有无风险和风险大小的问题是远远不够的。因为投资项目要经历一个持久的过程，一旦实施很难改变。为避免实施后遭受失败，必须在决策前做好各方面的分析。决策者必须对项目可能面临的风险有足够的估计，对风险发生的可能性心中有数，以便及时采取必要的措施规避风险。只有回答了风险发生的可能性大小问题，决策者才能获得全面的信息，最终做出正确的决策。而要回答这个问题，必须进行风险分析。

【解答】

以净现值作为经济评价指标：

基准方案的净现值 $= -1200+(10\times35-120)\times(P/A,10\%,10)+80\times(P/F,10\%,10) = 244.09$ 万元

用净现值指标分别就投资额、产品价格和寿命期三个不确定因素作敏感性分析。

设投资额变动的百分比为 x，则投资额变动对方案净现值影响的计算公式为：
$NPV = -1200(1+x)+(10\times35-120)(P/A,10\%,10)+80(P/F,10\%,10)$

设产品价格变动的百分比为 y，则产品价格变动对方案净现值影响的计算公式为：
$NPV = -1200+[10\times35(1+y)-120]\times(P/A,10\%,10)+80\times(P/F,10\%,10)$

设寿命期变动的百分比为 z，则寿命期变动对方案净现值影响的计算公式为：
$NPV = -1200+(10\times35-120)\times[P/A,10\%,10(1+z)]+80\times[P/F,10\%,10(1+z)]$

对投资额、产品价格及方案寿命期逐一按在基准基础上变化 $\pm10\%$、$\pm15\%$、$\pm20\%$ 取值，所对应的方案净现值变化结果如表5-15和图5-4所示。可以看出，以同样的变动率下，产品价格的变动对方案的净现值影响最大，其次是投资额的变动，寿命周期变动的影响最小。

单因数的敏感性计算（单位：万元） 表5-15

净现值变动率 参数	-20%	-15%	-10%	0%	10%	15%	20%
投资额	483.96	432.96	363.96	244.19	123.96	63.96	3.96
价格	-186.12	-78.6	28.92	244.19	459	566.52	647
寿命期	64.37	112.55	158.5	244.19	321.89	358.11	392.71

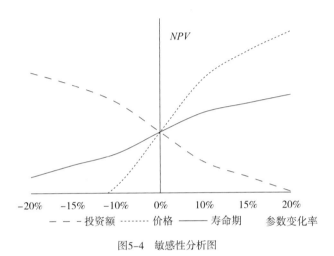

图5-4 敏感性分析图

案例 5.5
DF冰淇淋项目投资方案的概率分析

王某是一名90后大学生，刚刚毕业的她正面临着人生的重大抉择：是找一份安稳的工作享受生活呢？还是走上创业路将自己打造成为一名商业精英？思虑再三后，一向积极进取的王某为了不给自己的人生留下遗憾，毅然选择了创业。

对于创业项目的选择，其实王某心里早有打算，她一直想加盟迪孚时代国际有限公司进行DF冰淇淋的加工销售。因为她认为DF冰淇淋虽然价格昂贵，但营养丰富，口感柔和，未来的市场空间很大。下定决心后，有一定财务基础的她开始做这个创业项目的投资估算和风险分析。通过市场调研，她发现，冰淇淋加工的主要设备在每年的下半年都会有一定的价格浮动，预计由于主要设备价格的变化，投资总额为120万元的概率是0.3，为150万元的概率是0.5，为175万元的概率是0.2。选好创业地址后，王某考察了此处的人流量以及人群年龄结构,通过销售收入和成本的预算,她估计年净收入为20万元的概率为0.25,为28万元的概率为0.4,为33万元的概率为0.2,为36万元的概率为0.15。

该项目投资方案参数及其概率分布如表5-16所示,$i=10\%$的复利系数如表5-17所示。

方案参数值及其概率　　　　　　　　　　　表5-16

投资额		年净收入		折现率		寿命期	
数值(万元)	概率	数值(万元)	概率	数值	概率	数值	概率
120	0.3	20	0.25	10%	1	10	1
150	0.5	28	0.40				
175	0.2	33	0.20				
		36	0.15				

复利系数表　　　　　　　　　　　表5-17

i	n	$F/P, i, n$	$P/F, i, n$	$P/A, i, n$	$F/A, i, n$
10%	1	1.1000	0.9091	0.9091	1.0000
	2	1.2100	0.8264	1.7355	2.1000
	3	1.3310	0.7513	2.4869	3.3100
	4	1.4641	0.6830	3.1699	4.6410
	5	1.6105	0.6209	3.7908	6.1051
	6	1.7716	0.5645	4.3553	7.7156
	7	1.9487	0.5132	4.8684	9.4872
	8	2.1436	0.4665	5.3349	11.4359
	9	2.3579	0.4241	5.7590	13.5795
	10	2.5937	0.3855	6.1446	15.9374

【问题】

(1)净现值大于或者等于零的概率。

(2)净现值大于50万元的概率。

(3)净现值大于80万元的概率。

【理论及方法介绍】

1. 概率分析

详见案例5.2。

【解答】

根据参数的不同数值,共有3×4=12种可能的组合状态,每种状态的组合概率及所对应的净现值计算结果如表5-18所示。

方案组合状态的概率及净现值　　　　　表5-18

投资额		年净收入		组合概率	净现值(万元)
数值(万元)	概率	数值(万元)	概率		
120	0.3	20	0.25	0.08	2.89
		28	0.4	0.12	52.05
		33	0.2	0.06	82.77
		36	0.15	0.05	101.21
150	0.5	20	0.25	0.13	-27.11
		28	0.4	0.20	22.05
		33	0.2	0.10	52.77
		36	0.15	0.08	71.21
175	0.2	20	0.25	0.05	-52.11
		28	0.4	0.08	-2.95
		33	0.2	0.04	27.77
		36	0.15	0.03	46.21

以投资175万元为例计算:

(1) 年净收入为20万元:组合概率为两者概率之积,即0.2×0.25=0.05

净现值=-175+20×(P/A,10%,10)=-52.11万元

(2) 年净收入为28万元:组合概率为两者概率之积,即0.2×0.4=0.08

净现值=-175+28(P/A,10%,10)=-2.95万元

以此类推可以得出表中其他的数据。

将表中数据按净现值从小到大的顺序进行排列,可进行累计概率分析,如表5-19所示。

净现值累计概率分布　　　　　　　　　　表5-19

净现值（万元）	概率	累计概率
-52.12	0.05	0.05
-27.12	0.125	0.175
-2.97	0.08	0.255
2.88	0.075	0.33
22.03	0.2	0.53
27.75	0.04	0.57
46.18	0.03	0.6
50.03	0.12	0.72
52.75	0.1	0.82
71.18	0.075	0.895
82.75	0.06	0.955
101.18	0.045	1

根据表5-9采用插值法计算累计概率值：

（1）净现值大于或者等于零的概率为

$P(NPV \geqslant 0) = 1-[0.255+2.95/(2.95+2.89) \times 0.075] = 0.707$

（2）净现值大于50万元的概率为

$P(NPV \geqslant 50) = 1-[0.6+(50-46.21)/(50.05-46.21) \times 0.12] = 0.282$

（3）净现值大于80万元的概率为

$P(NPV \geqslant 80) = 1-[0.895+(80-71.21)/(82.77-71.21) \times 0.06] = 0.059$

案例 5.6
龙腾科技公司微型计算机生产项目的多阶段风险决策

龙腾科技公司是一家大规模电脑台式机生产制造公司。公司的创始人李某是赴美学习计算机硬件开发的第一批留学生，留美4年之后，李某取得了计算机硬件开发博士学位，怀揣着振兴祖国电子科技的梦想，于2000年归国成立了龙腾科技公司，专注于台式电脑的生产研发。李某拥有睿智的头脑和敏锐的市场洞察力，在他的带领下，公司的市场份额和销售业绩不断增长，在行业内的影响力不断增大。21世纪的计算机行业是一个竞争激烈的市场，为了使企业更大更强更具竞争力，李某和他的团队不再囿于公司现有的生产模式，希望通过产品的深度开发来增强企业的生存能力。

2016年年初，公司科研部攻克了关键技术难题，这预示着公司已经具备研发微型计算机的能力。李某马上决定建厂进行微型计算机的生产销售，当然，由于此种产品在市场上是空白的，到底是否具有市场吸引力还不得而知。李某与公司相关成员进行了详细的技术分析和市场调研。在对收集到的数据进行认真全面的分析之后，预计该产品可行销10年，有三种可能的市场前景：

θ_1 为10年内销路一直很好，发生的概率为 $P(\theta_1)=0.6$；

θ_2 为10年内销路一直不好，发生的概率为 $P(\theta_2)=0.3$；

θ_3 为前两年销路好，后8年销路不好，发生的概率为 $P(\theta_3)=0.1$。

公司目前需要做出的决策是建一个大厂还是建一个小厂。如果建大厂，需投资400万元，建成后无论产品销路如何，10年内将维持原规模；如果建小厂，需投资150万元，两年后可根据市场情况再做是否扩建的新决策。如果扩建则需再投资300万元。各种情况下每年的净收益见表5-20（$i=10\%$ 的复利系数如表5-21所示）。

不同情况下各年净收益（单位：万元）　　　　表5-20

年净收益方案	市场前景	θ_1		θ_2		θ_3	
		1~2年	3~10年	1~2年	3~10年	1~2年	3~10年
建大厂		100	100	50	50	100	60
建小厂	两年后扩建	30	80	—	—	30	50
	不扩建	30	30	18	18	30	18

复利系数表　　　　表5-21

i	n	$F/P, i, n$	$P/F, i, n$	$P/A, i, n$	$F/A, i, n$
10%	1	1.1000	0.9091	0.9091	1.0000
	2	1.2100	0.8264	1.7355	2.1000
	3	1.3310	0.7513	2.4869	3.3100
	4	1.4641	0.6830	3.1699	4.6410
	5	1.6105	0.6209	3.7908	6.1051
	6	1.7716	0.5645	4.3553	7.7156
	7	1.9487	0.5132	4.8684	9.4872
	8	2.1436	0.4665	5.3349	11.4359
	9	2.3579	0.4241	5.7590	13.5795
	10	2.5937	0.3855	6.1446	15.9374

【问题】

请采用概率树法对该项目进行多阶段风险预测。

【理论及方法介绍】

概率树分析法

概率树分析法是决策树法与概率分析相结合的风险分析方法。

（1）决策树法

决策树分析法是一种运用概率与图论中的树对决策中的不同方案进行比较，从而获得最优方案的风险型决策方法。图论中的树是连通且无回路的有向图，入度为0的点称为树根，出度为0的点称为树叶，树叶以外的点称为内点。决策树由树根（决策节点）、其他内点（方案节点、状态节点）、树叶（终点）、树枝（方案枝、概率枝）、概率值、损益值组成。

决策树除了可以解决多种管理问题，也可以用于新产品的决策问题。决策树尤其适用于这种情况：存在一系列决策，每种决策结果会导致后续决策，而这些后续决策又会产生另外的结果。绘制决策树的步骤如下：

1）确保所有可能的选择方案和自然状态都包含在这个决策树中。决策树也包含一个"什么也不做"的选择方案（有时不画在决策树图中，但方案比较时会与0进行比较）。

2）在每个枝节的末端标上盈利，此处是完成这步工作后结算盈利的地方。

3）决策树的目标是确定每种行动方案的期望值。这项工作需要从决策树的末端（右边）向决策树的始端进行推进（左边），计算每一步的价值，并"删除"那些在同一节点比其他选择方案差的选择方案。

（2）条件概率

在决策树的各分支上加上每种行为发生的可能性，即概率，并计算每种决策的期望利润作为方案决策依据即称为进行概率树分析。概率分析详见案例5.1。这里只介绍与决策树结合使用的条件概率。

条件概率是指事件A在另外一个事件B已经发生条件下的发生概率。条件概率表示为：$P(A|B)$，读作"在B条件下A的概率"。若只有两个事件A，B，那么，

$$P(A|B) = \frac{P(A \cap B)}{P(B)}$$

【解答】

本题是一个两阶段风险决策问题，根据以上数据，可以构造如图5-5所示的概率树。

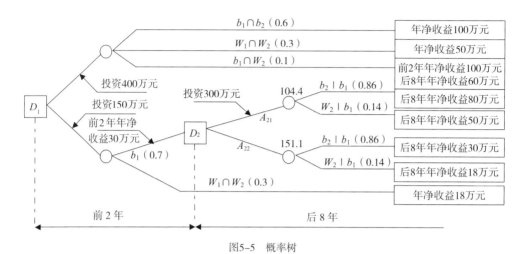

图5-5 概率树

在图5-5所示的概率树上有两个决策点：D_1为一级决策点，表示目前所要做的决策，备选方案有两个，A_1表示建大厂，A_2表示建小厂；D_2为二级决策点，表示在目前建小厂的前提下两年后所要做的决策，备选方案也有两个，A_{21}表示扩建，A_{22}表示不扩建。

三种市场前景可以看作是四个独立事件的组合，这四个独立事件是：前两年销路好（记作b_1）；后8年销路好（记作b_2）；前两年销路不好（记作W_1）；后8年销路不好（记作W_2）。概率树上各种状态的发生概率可以配定如下：

已知10年内销路一直很好的概率：$P(b_1 \cap b_2)=P(\theta_1)=0.6$

10年内销路一直不好的概率：$P(W_1 \cap W_2)=P(\theta_2)=0.3$

则有前2年销路好的概率：$P(b_1)=P(b_1 \cap b_2)+P(b_1 \cap W_2)=0.7$

在前2年销路好的条件下，后8年销路好的概率：

$P(b_2 \mid b_1) = P(b_1 \cap b_2) / P(b_1) = 0.86$

在前2年销路好的条件下，后8年销路不好的概率：

$P(W_2 \mid b_1) = P(b_1 \cap W_2) / P(b_1) = 0.14$

利用概率树进行多阶段风险决策要从最末一级决策点开始，在本例中，要先计算第二级决策点各备选方案净现值的期望值，设基准折现率为10%。

扩建方案净现值的期望值（以第二年末为基准年）

$= 80(P/A,10\%,8) \times 0.86 + 50(P/A,10\%,8) \times 0.14 - 300$

$= 104.4$万元

不扩建方案净现值的期望值（以第二年为基准年）

$= 30(P/A,10\%,8) \times 0.86 + 18(P/A,10\%,8) \times 0.14$

$= 151.1$万元

根据期望值原则，在第二级决策点应选择不扩建方案（如果两方案净现值的期望值相等，可按方差原则进行选择）。

用不扩建方案净现值的期望值代替第二级决策点，可得到如图5-6所示的缩减概率树。

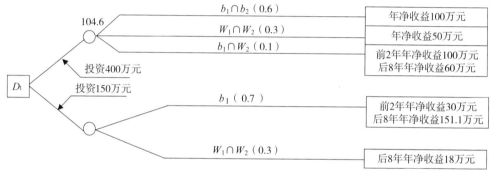

图5-6　缩减概率树

根据缩减概率树，计算第一级决策点各备选方案净现值的期望值（如果缩减概率树有多个决策点，仍应从最末一级决策点开始计算）。

建大厂方案净现值的期望值（第0年末为基准处）

$E(NPV)_1 = 100(P/A,10\%,10) \times 0.6 +$

$\qquad 50(P/A,10\%,10) \times 0.3 + [100(P/A,10\%,2) +$

$\qquad 60(P/A,10\%,8)(P/F,10\%,2)] \times 0.1 - 400$

$= 104.6$万元

建小厂方案净现值的期望值（以第0年末为基准年）

$E(NPV)_2 = [151.1(P/F,10\%,2) + 30(P/A,10\%,2)] \times 0.7 + 18(P/A,10\%,10) \times 0.3 - 150$

$\qquad = 7$万元

$E(NPV)_1$，$E(NPV)_2$均大于零，由于$E(NPV)_1 > E(NPV)_2$，故在第一级决策点应选择建大厂方案。

案例 5.7
奥沃特公司不确定型问题决策分析

唐女士是奥沃特公司的营运副总裁,在机械制造行业中是少见的以干练、勇于创新著称的女强人。前不久,公司并购了一家液压系统部件制造厂,由于该厂管理者经营不善,导致该厂盈亏失衡,被迫破产清算。并购之后,为了使该厂尽快恢复生产能力并实现盈利,公司任命唐某兼任新工厂的负责人。唐某在进行全面的生产及市场调查之后,向公司提出三个实施方案。方案一是引进先进的生产设备,大幅度提高自动化水平;方案二是加大广告投入,增加产品销量;方案三是增加生产线,通过扩大生产规模,降低成本增加盈利。由于公司在此次的并购过程中,短期内没有充足的资金储备,因此只能选择一个方案实施。公司的市场调研人员在进行全面的市场分析之后,估算出了各方案实施之后的预期损益,如表5-22所示(假定各方案的前期投资额是相等的)。

假设你是该工厂的一名高层管理人员,由你来负责各方案的比较分析,试推荐合适的行动方案。

某企业损益值表(单位:万元)　　　　　表5-22

项目方案	自然状态		
	需求好 C_1	需求一般 C_2	需求差 C_3
d_1	100	80	-20
d_2	140	50	-40
d_3	60	30	10

【问题】

请分别以等可能性准则、乐观主义准则、悲观主义准则、折中主义准则(折中系数为0.6)、最小遗憾值决策准则为标准进行方案选择。

【理论及方法介绍】

1. 不确定型决策准则

(1)等可能性准则:因为不知道每种结局出现的概率,因此认为它们出现的可能性相等。

基本步骤：1）确定期望收益矩阵；2）计算各方案等概率收益值之和；3）比较各方案的等概率收益值的大小，选择最大收益值所对应的方案即为决策的最佳方案。

（2）乐观主义准则：对不确定型决策问题的处理思想与悲观准则相反，在每种方案中选择最好的结局，即对问题总是持乐观态度，然后再从已选的结局中选最大值，其对应的方案是最佳方案。

基本步骤：1）判断决策问题可能出现的几种自然状态（即客观情况）；2）拟定备选方案；3）推测出各方案在各种自然状态下的收益值；4）选出各方案在不同自然状态下的最大收益值；5）比较各方案最大值，从中再选出最大期望值，该值所对应的方案即为决策者所选取的方案。

（3）悲观主义准则：也称为保守准则。其思路是从最坏处着想，在每个方案中选择效益最小的作为最坏的结局，即对问题持最悲观的态度，然后再从已选的结局中选择最好的作为最佳方案。

基本步骤：1）判断决策问题可能出现的几种自然状态（即客观情况）；2）拟定备选方案；3）推测出各方案在各种自然状态下的收益值；4）选出各方案在不同自然状态下的最小收益值；5）比较各方案最小值，从中选取最大的最小期望值，该值所对应的方案即为决策者所选取的方案。

（4）折中主义准则：它认为过于乐观，容易冒进，会导致大的偏差；过于悲观，则太保守，易错过大好时机，同时偏差也大。它主张采用折中的办法，在乐观和悲观之间取一个适当的折中点 α，α 即为乐观系数或折中系数。

基本步骤：1）确定折中系数，决策者对状态的估计越是乐观，这种系数越接近于"1"，否则越接近于"0"；2）计算折中收益值。折中收益值＝最大收益值×折中系数+最小收益值×(1-折中系数)；3）选出折中收益值最大的方案为最优决策方案。

（5）最小遗憾值决策准则：亦称为最小机会损失决策准则或Savage决策准则。这种方法的目标是把后悔值降到最低。定义每种状态下各方案结局中最好效益值与该状态下某方案结局的效益值之差为该结局的后悔值。

基本步骤：1）建立决策矩阵；2）计算出在各种自然状态下每个方案的后悔值；3）逐一列出各方案的最大后悔值；4）比较后悔值，选取其中最小值，该值所对应的方案即为决策者所选取的方案。

【解答】

1. 等概率准则

概率 $p=1/n=1/3$

$E(d_1)=1/3 \times 100+1/3 \times 80+1/3 \times (-20)=53.3$ 万元

$E(d_2)=1/3 \times 140+1/3 \times 50+1/3 \times (-40)=50$ 万元

$E(d_3)=1/3 \times 60+1/3 \times 30+1/3 \times 10=33.3$ 万元

$Max\{E(d_1),E(d_2),E(d_3)\}=Max\{53.3,50,33.3\}=53.3$ 万元

因此选择方案 d_1。

2. 乐观主义准则

在每个方案中选择最大值，在已选出方案中继续选择最大值

$Max\{d_1\}=Max\{100,80,-20\}=100$ 万元

$Max\{d_2\}=Max\{140,50,-40\}=140$ 万元

$Max\{d_3\}=Max\{60,30,10\}=60$ 万元

$Max\{d_1,d_2,d_3\}=Max\{100,140,60\}=140$ 万元

因此选择方案 d_2，见表5-23。

某企业损益值乐观法（单位：万元） 表5-23

项目方案	自然状态			max
	需求好 C_1	需求一般 C_2	需求差 C_3	
d_1	100	80	-20	100
d_2	140	50	-40	140
d_3	60	30	10	60
	max			140

3. 悲观主义准则

在每个方案中选择最小值，在已选出方案中选择最大值

$Min\{d_1\}=Min\{100,80,-20\}=-20$ 万元

$Min\{d_2\}=Min\{140,50,-40\}=-40$ 万元

$Min\{d_3\}=Min\{60,30,10\}=10$ 万元

$Max\{d_1,d_2,d_3\}=Max\{-20,-40,10\}=10$ 万元

因此选择方案 d_3，见表5-24。

某企业损益值悲观法（单位：万元） 表5-24

项目方案	自然状态			min
	需求好 C_1	需求一般 C_2	需求差 C_3	
d_1	100	80	-20	-20
d_2	140	50	-40	-40
d_3	60	30	10	10
max				10

4. 折中主义准则（折中系数为0.6）

$E(d_1)=0.6×100+(1-0.6)×(-20)=52$万元

$E(d_2)=0.6×140+(1-0.6)×(-40)=68$万元

$E(d_3)=0.6×60+(1-0.6)×10=40$万元

$Max\{E(d_1),E(d_2),E(d_3)\}=Max\{52,68,40\}=68$万元

选择方案d_2。

5. 最小遗憾值决策准则

$d_{11}=Max\{C_1(d_1),C_1(d_2),C_1(d_3)\}-C_1(d_1)=40$万元

每列中最大值减去方案值，如表5-25所示。

$Max\{d_1\}=Max\{40,0,30\}=40$万元

$Max\{d_2\}=Max\{0,30,50\}=50$万元

$Max\{d_3\}=Max\{80,50,0\}=80$万元

$Min\{d_1,d_2,d_3\}=Min\{40,50,80\}=40$万元

选择方案d_1。

某企业损益值最小最大后悔值法（单位：万元） 表5-25

项目方案	自然状态			max
	需求好 C_1	需求一般 C_2	需求差 C_3	
d_1	40	0	30	40
d_2	0	30	50	50
d_3	80	50	0	80
min				40

案例 5.8
铝行者公司ERP项目选择

铝行者公司创办于19世纪80年代中期，是氧化铝、电解铝和铝加工产品的生产商，活跃于包括基础研究和开发、加工技术以及回收利用等铝工业领域。铝行者产品应用于航空航天、汽车、包装、建筑、商业运输和工业市场。铝行者日用消费产品包括铝行者轮毂、雷诺膜和贝克家用膜。其他业务还包括乙烯基侧板、包装系统、精密铸件、瓶盖以及轿车和卡车的配电系统。铝行者在全球43个国家雇员总数达13.1万人。铝行者成为道琼斯工业指数成员已有45年之久并于2001年成为道琼斯可持续发展指数成员。

自2001年起，铝行者公司开始实施Oracle提供的ERP系统，目前已经实施成功的模块包括财务管理、人力资源管理、订单到现金业务流程管理以及需求到付款业务流程管理。由于铝行者在世界各国的分支机构繁多，其ERP的实施也十分复杂，因此按照不同地域分阶段进行。他们最初在欧洲的50家分公司实施了财务和需求到付款流程模块，这些模块目前在欧洲、北美、澳大利亚、亚洲和南美洲等地的分支机构得到广泛应用。人力资源管理模块已经在澳大利亚分公司实施完毕，而欧洲及拉丁美洲等地有望在年底结束。订单到现金业务流程管理模块则在铝行者公司的所有全球分支机构中至少完成了60%。

由于企业想引入供应链管理、客户关系管理、业务商务智能等应用软件，所以需要对原有的ERP进行升级和改进，以便于进一步对企业内部资源进行优化。现有三个ERP实施项目，分别为甲、乙、丙，管理层认为ERP系统在企业运营中作用巨大，选择应谨慎，应当对这三个ERP实施项目进行风险评价。假设实施ERP项目的风险主要体现在以下三个方面：外部环境风险、软件风险、实施风险，如图5-7所示。

铝行者公司请专家对该项目的风险进行评价，专家采用模糊综合评价法，用高、中、低来表示风险严重程度。经专家讨论，研发项目风险评价结果如表5-26~表5-28所示。

图5-7 ERP项目主要风险

项目甲风险评估结果　　　　　　　　　　表5-26

	认为风险高人数比例	认为风险中等人数比例	认为风险低人数比例
外部环境风险	70%	20%	10%
软件风险	10%	20%	70%
实施风险	30%	60%	10%

项目乙风险评估结果　　　　　　　　　　表5-27

	认为风险高人数比例	认为风险中等人数比例	认为风险低人数比例
外部环境风险	30%	60%	10%
软件风险	100%	0	0
实施风险	70%	30%	0

项目丙风险评估结果　　　　　　　　　　表5-28

	认为风险高人数比例	认为风险中等人数比例	认为风险低人数比例
外部环境风险	10%	40%	50%
软件风险	100%	0	0
实施风险	10%	30%	60%

专家将外部环境风险、软件风险、实施风险三方面风险的权重集定为$W = \{0.2, 0.3, 0.5\}$。

【问题】

请采用模糊综合评价法对该ERP项目的综合风险进行评价，要求写出模糊综合评价的具体分析步骤。

【理论方法及介绍】

1. 模糊综合评价法

模糊综合评价法是一种基于模糊数学的综合评标方法。该方法根据模糊数学的隶属度理论把定性评价转化为定量评价，即用模糊数学对受到多种因素制约的事物或对象做出一个总体的评价。它具有结果清晰，系统性强的特点，能较好地解决模糊的、难以量化的问题，适合各种非确定性问题决策。以下就是通过模糊综合评价法对实施方案的综合风险进行分析比较的过程：

（1）确定评价对象的评价指标F

设有n个评价指标，则$F=(f_1, f_2, \cdots f_n)$。

（2）确定评判集V

设评价者对某个评价指标作出的评价结果组合中有m个选项，则$V=(v_1, v_2, \cdots, v_m)$，每一个可对应一个模糊子集。

（3）建立模糊关系矩阵R（隶属度矩阵）

在构造了等级模糊子集后，要逐个对被评事物从每个因素上进行量化，即确定从单因素来看被评事物对等级模糊子集的隶属度，从而得到模糊关系矩阵：

$$R = \begin{bmatrix} r_{11} & \cdots & r_{1m} \\ \vdots & \ddots & \vdots \\ r_{n1} & \cdots & r_{nm} \end{bmatrix}$$

矩阵R中第i行第j列元素r_{ij}，表示某个被评事物从因素f_i来看对v_j等级模糊子集的隶属度，所以R也称为隶属度矩阵。一个被评价事物在某个因素f_i方面的表现，是通过模糊关系矩阵R来体现的，而在其他评价方法中多是由一个指标值来体现，因此，从这个角度讲，模糊评价要求更多的信息。

（4）确定评价因素的权重W

在模糊综合评价中，可使用多种方法确定评价因素的权向量：$W=(w_1, w_2, \cdots w_n)$，且$\sum_{i=1}^{n} w_i = 1$。常使用层次分析法确定因素之间相对重要性，从而确定权系数，并且在合成之前归一化。

（5）计算综合评定向量S

通常$S = W \times R = (w_1, w_2, \cdots, w_n) \times \begin{bmatrix} r_{11} & \cdots & r_{1m} \\ \vdots & \ddots & \vdots \\ r_{n1} & \cdots & r_{nm} \end{bmatrix} = (s_1, s_2, \cdots s_m)$。

（6）确定综合评定值μ

实际中最常用的方法是最大隶属度原则，即选择综合评定向量中的最大值所对应的评语级中的等级来代表综合评定值，即：

$$\mu = max\{s_1, s_2, \cdots, s_m\}$$

但这种方法的缺点是在某些情况下使用会很勉强，损失的信息较多，甚至得出不合理的结果。因此还可以使用加权平均求隶属度等级的方法，对于多个被评事物可以依据其等级位置进行排序，给出评价等级权重$W_v=(w_{v1}, w_{v2}, \cdots w_{vm})$。将$W_v$与$S$加权求和得到各被评事物的模糊综合评价值。即：

$$\mu = W_v \times S^T$$

【解答】

（1）设定因素集U：

将因素集设为$U=\{$外部环境风险，软件风险，实施风险$\}$。

（2）设定评价集V：

在对风险进行评价时，定义评价集$V=\{$高，中，低$\}$来表示该风险的严重程度。

（3）确定权重集W：

由题目得出权重集$W=\{0.2, 0.3, 0.5\}$。

（4）专家进行评价打分：

专家评价结果如表5-26~表5-28所示。

（5）建立模糊评价矩阵：

在本例中，由表中的结果可以得到评价矩阵。

对备选方案甲：

$$R_{甲}=\begin{bmatrix} 0.7 & 0.2 & 0.1 \\ 0.1 & 0.2 & 0.7 \\ 0.3 & 0.6 & 0.1 \end{bmatrix}$$

对备选方案乙：

$$R_{乙}=\begin{bmatrix} 0.3 & 0.6 & 0.1 \\ 1 & 0 & 0 \\ 0.7 & 0.3 & 0 \end{bmatrix}$$

对备选方案丙：

$$R_{丙}=\begin{bmatrix} 0.1 & 0.4 & 0.5 \\ 1 & 0 & 0 \\ 0.1 & 0.3 & 0.6 \end{bmatrix}$$

（6）进行模糊综合评价：

计算三个备选方案的评价值为：

$$S_{甲}=W\times R_{甲}=(0.2\ 0.3\ 0.5)\begin{pmatrix} 0.7 & 0.2 & 0.1 \\ 0.1 & 0.2 & 0.7 \\ 0.3 & 0.6 & 0.1 \end{pmatrix}=(0.3\ 0.5\ 0.3)$$

$$S_{乙}=W\times R_{乙}=(0.5\ 0.3\ 0.1)$$

$$S_{丙}=W\times R_{丙}=(0.3\ 0.3\ 0.5)$$

（7）进行归一化处理，得出具有可比性的综合评价结果：

以项目甲为例：

$0.3/(0.3+0.5+0.3)=0.27$　　$0.5/(0.3+0.5+0.3)=0.46$　　$0.3/(0.3+0.5+0.3)=0.27$

所以 $S_甲^* = (0.27\quad 0.46\quad 0.27)$

同理，$S_乙^* = (0.56\quad 0.33\quad 0.11)$、$S_丙^* = (0.27\quad 0.27\quad 0.46)$

以上的三个向量表示了三个ERP项目在评语集合上的评价值。以ERP项目甲为例，它的评价值向量表明该方案的风险评价值为"高"的可能性为27%，风险评价值为"中"的可能性为46%，风险评价值为"低"的可能性为27%。按照最大隶属度原则，项目甲的风险评价评语为"中"；项目乙的风险评价评语为"高"；项目丙的风险评价评语为"低"。因此，从项目风险的角度来看，ERP项目丙的风险最低。

案例 5.9
新昌铸钢厂产品试制项目的GERTS网络

新昌铸钢厂是中国钢模铸造龙头企业，主要从事冲压模具、锻造模具的制造加工。模具制造行业的市场准入门槛很高，因为模具在加工精度上要求极高，精密模具的尺寸精度往往要达到微米级，而且具有形面复杂、批量小、工序多的特点，很多模具在加工过程中需要用到铣、镗、钻、铰、攻螺纹等多种工序。然而，新昌公司就是在这样一个要求严苛的行业领域一步步拥有了自己品牌、成就了钢模锻造业的传奇。公司成立于1978年，沐浴着改革开放的春风，从之前十人的加工作坊到现在拥有五百名技术人员的集团企业，新昌走过了一条从无到有、从小到大的快速成长之路，创建了属于自己的富有特色的发展模式。

新昌之所以有今天的成就很大程度在于其生产加工过程中严格的质量保证体系和质量监督体系，图5-8是新昌公司在进行电子连接器模具加工时的图形评审技术（Graphic Evaluation and Review Technique，GERTS）网络图，其参数见表5-29。产品由粗坯开始进入试制过程，用节点1表示；加工任务1在4天后完成任务，再进行检测工作1。检测工作1持续的时间拟服从指数分布，其持续时间的概率密度函数为$f_1(t) = e^{-t}$，其中t表示持续时间。经检测工作1后的产品有25%的概率需要进行返修，有75%的概率送到加工任务2进行最后加工。返修在3天后完成，经返修的零件还要经过检测工作2，检测工作2持续的时间也服从指数分布，其概率密度函数可表示为$f_2(t) = 0.5e^{-0.5t}$。此时的产品有30%的概率仍不成功，因而造成试制失败。有70%的概率使得再加工成功（即通过了检测），也送到加工任务2进行最后加工。加工任务2完成的时间有60%的可能要用10天，40%的可能要用14天。最后加工完成的零件，经过检测工作3（完成时间为1天），仍有5%的可能成为废品，而有95%的可能性加工成功。

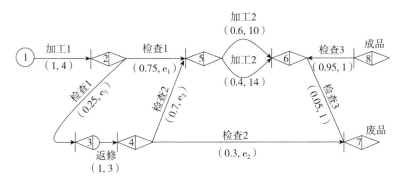

图5-8 产品试制项目的GERTS网络

产品试制项目的GERTS网络参数说明　　　　　表5-29

工序名称	工序代号	实现概率	作业时间（小时）	紧后工序
加工1	1—2	1.00	4（常数）	检查1
检查1	2—3	0.25	e_1（指数分布）：均值=1	不合格，转返修
	2—5	0.75		合格，转加工2
返修	3—4	1.00	3（常数）	检查2
检查2	4—5	0.70	e_2（指数分布）：均值=2	加工2
	4—7	0.30		转报废
加工2	5—6	0.60	10（常数）	检查3
		0.40	14（常数）	
检查3	6—7	0.05	1（常数）	报废
	6—8	0.95	1（常数）	成品

【问题】

请计算当产品试制成功时，项目所需时间的期望值、项目成功的概率及废品率。

【理论及方法介绍】

1. 图形评审技术

图形评审技术（Graphic Evaluation and Review Technique，简称GERT）是在PERT（计划评审技术）的基础上，增加决策节点，不仅将活动各参数如时间和费用设为随机性分布，而且其各个活动及相互之间的影响关系也具有随机性，即活动按一定概率可能发生或不发生，相应地反应在活动开始或结束的节点或支线也可能发生或不发生。在网络的表现形式上，增加了决策节点，并且节点之间具有回路和自环存在。该方法通过解析方法及蒙特卡洛模拟方法，最终求出项目成本和工期的概率分布曲线。

用GERT网络解决系统问题的步骤

（1）对一个系统进行分析，确定要建立图解网络模型后，针对模型的要求对系统进行反复的考虑和剖析，找出其主要因素，反映到模型中，用分解—协调的原理分解工序，估计工期，选择节点符号，最后画出其GERT网络图。

（2）对估计的工期进行测算，以保证模型参数的准确。若工序的工期不能用常数表示，可以事先估算一个方差的均值，或者估计出一个范围，然后再选择一个合适的分布密度函数表达它。

（3）对模型进行分析计算，提出算法，编制程序。计算内容要由系统研究的目标来定。若在时间范畴内，主要对时间、资源、费用进行优化。若在时间范畴外，主要是针对网络流进行分析计算，在理论方面进行深入研究是要涉及网络拓扑和图论的内容，GERT法不仅要求解网络所消耗的时间、费用和资源，而且还要求得网络中的流。

（4）最后综合评议和审定计算的结果，作出决策。

【解答】

零件加工为成品生产过程可能经过以下4条路线：

第1条路线：

$$①\xrightarrow{(1,4)}②\xrightarrow{(0.75,1)}⑤\xrightarrow{(0.6,10)}⑥\xrightarrow{(0.95,1)}⑧$$

该路线实现的概率为 $p_1 = 1 \times 0.75 \times 0.6 \times 0.95 = 0.4275$

所需要时间为 $t_1 = 4+1+10+1 = 16$ 天

第2条路线：

$$①\xrightarrow{(1,4)}②\xrightarrow{(0.75,1)}⑤\xrightarrow{(0.4,14)}⑥\xrightarrow{(0.95,1)}⑧$$

$p_2 = 1 \times 0.75 \times 0.4 \times 0.95 = 0.285$

$t_2 = 4+1+14+1 = 20$ 天

第3条路线：

$$①\xrightarrow{(1,4)}②\xrightarrow{(0.25,1)}③\xrightarrow{(1,3)}④\xrightarrow{(0.7,2)}⑤\xrightarrow{(0.6,10)}⑥\xrightarrow{(0.95,1)}⑧$$

$p_3 = 1 \times 0.25 \times 1 \times 0.7 \times 0.6 \times 0.95 = 0.09975$

$t_3 = 4+1+3+2+10+1 = 21$ 天

第4条路线：

$1 \xrightarrow{(1,4)} 2 \xrightarrow{(0.25,1)} 3 \xrightarrow{(1,3)} 4 \xrightarrow{(0.7,2)} 5 \xrightarrow{(0.4,14)} 6 \xrightarrow{(0.95,1)} 8$

$p_4 = 1 \times 0.25 \times 1 \times 0.7 \times 0.4 \times 0.95 = 0.0665$

$t_4 = 4+1+3+2+14+1 = 25$ 天

从上述4条路线可得出零件加工的成品率和项目所需时间的期望值分别为：

$p_c = \sum p_i = 0.4275+0.285+0.09975+0.0665 = 0.87875 (\approx 87.88\%)$

$T_c = \sum p_i \times t_i = (0.4275 \times 16 + 0.285 \times 20 + 0.09975 \times 21 + 0.0665 \times 25) / 0.87875 \approx 18.546$ 天

由 p_c 可以得出零件的废品率为：

$p_f = 1 - p_c = 1 - 0.87875 = 0.12125 (\approx 12.13\%)$

第 6 章

项目投资的多方案比选

案例 6.1
华大食品设备采购选择

华大食品是一家致力于销售零食、小吃、饮料等食品的企业，因其精选上等原材料，口味独特，并通过快捷周到的服务赢得了广大消费者的追捧。华大食品总部生产车间一直在使用价值10000万元的食品生产传输设备A，该设备已经使用了6年，最近发现该设备经常处于维修状态，每年的维修成本也在增加，另外，该设备运作时，工厂工人经常抱怨噪声太大，如果继续使用，则需要投入更多的维修成本，而且维修不会增加该设备的使用寿命，也不会提升该设备的价值，因此企业决定更换设备。

现可以从原设备供应商买入新的原设备A，其使用寿命期为6年，设备投资10000万元，年经营成本前三年平均为5500万元，后三年平均为6500万元，期末净残值为3500万元。车间还可以选择新型传输设备B，设备B的技术、质量、安全性都要优于A，但其投资也要高于A，其使用寿命期仍为6年，设备投资12000万元，年经营成本较低，前三年均为5000万元，后三年均为6000万元，期末净残值为4500万元。设该项目投资财务基准收益率为15%，复利系数表见表6-1。

$i=15\%$ 复利系数表　　　　　　　　　　表6-1

n	(F/P, i, n)	(P/F, i, n)	(F/A, i, n)	(A/F, i, n)	(A/P, i, n)	(P/A, i, n)
1	1.150	0.870	1.000	1.000	1.150	0.870
2	1.323	0.756	2.150	0.465	0.615	1.626
3	1.521	0.658	3.473	0.288	0.438	2.283
4	1.749	0.572	4.993	0.200	0.350	2.855
5	2.011	0.497	6.742	0.148	0.298	3.352
6	2.313	0.432	8.754	0.114	0.264	3.784
7	2.660	0.376	11.067	0.090	0.240	4.160
8	3.059	0.327	13.727	0.073	0.223	4.487
9	3.518	0.284	16.786	0.060	0.210	4.772
10	4.046	0.247	20.304	0.049	0.199	5.019

【问题】

（1）请用年费用法比较设备选择的最优方案。

（2）现有在设备B的基础上改良的设备C，设备C具有耐用、不易磨损的特点，如果设备C使用寿命期为9年，设备投资15000万元，前6年经营成本均为6000万元，后3年经营成本均为7000万元，期末净残值为2000万元，其他数据不变，用费用现值法比较选择最优方案（以最小寿命期作为共同计算期）。

【理论与方法介绍】

1. 方案之间的关系

多方案的动态评价方法的选择与各比选项目方案的类型，即项目方案之间相互关系有关。按方案之间的经济关系，可分为相关方案和非相关方案。如果采纳或放弃某一个方案并不显著地改变另一个方案的现金流系列，或不影响另一个方案，则认为这两个方案在经济上是不相关的。如果采纳或放弃某一个方案显著地改变了其他方案的现金流系列，或者要影响其他方案，则认为这两个（或多个）方案在经济上是相关的。

（1）互斥型多方案

即在多方案中只能选择一个，其余方案必须放弃。方案不能同时存在，方案之间的关系具有互相排斥的性质。

（2）独立多方案

作为评价对象的各个方案的现金流量是独立的，不具有相关性，且任一方案的采用与否都不影响其他方案是否采用的决策。即方案之间不具有排斥性，采用一方案并不要求放弃另外的方案。如果决策的对象是单一方案，则可以认为是独立方案的特例。

（3）混合型多方案

在方案群内包括的各个方案之间既有独立关系，又有互斥关系。不同类型方案的评价指标和方法是不同的。

【解答】

（1）分别计算A、B两设备的费用年值并进行比较：

$AW_A = 10000(A/P,15\%,6) + 5500(P/A,15\%,3)(A/P,15\%,6) + 6500(F/A,15\%,3)(A/F,15\%,6) - 3500(A/F,15\%,6) = 8129.41$万元

$AW_B=12000(A/P,15\%,6)+5000(P/A,15\%,3)(A/P,15\%,6)+6000(F/A,15\%,3)$
$(A/F,15\%,6)-4500(A/F,15\%,6)=8044.09$ 万元

$AW_B<AW_A$，经比较得知，B方案较优。

（2）分别计算A、B、C三个项目6年内的费用现值并进行比较。

$PC_A=10000+5500(P/A,15\%,3)+6500(P/A,15\%,3)(P/F,15\%,3)-3500(P/F,15\%,6)=30808.89$ 万元

$PC_B=12000+5000(P/A,15\%,3)+6000(P/A,15\%,3)(P/F,15\%,3)-4500(P/F,15\%,6)=30484.28$ 万元

$PC_C=[15000+6000(P/A,15\%,6)+7000(P/A,15\%,3)(P/F,15\%,6)-2000(P/F,15\%,9)](A/P,15\%,9)(P/A,15\%,6)=34995.78$ 万元

$PC_B<PC_A<PC_C$，经比较得知，B方案较优。

案例 6.2
SSG软件开发技术互斥方案比选

新加坡软件团队（SSG）是一家规模中等的公司，在过去的20年取得了显著的发展，这家公司最初只给环太平洋国家提供软件服务，现在，它的业务范围已经覆盖了整个亚洲地区，甚至与欧洲、南美及北美地区的一些公司也有合作。SSG的优势在于软件开发、数据管理及管理信息系统建设，SSG建立了一个很好的市场基础：维持低风险的战略，依靠现金流的增长提高业绩而不是银行贷款。这种低风险的战略要求SSG为客户提供高质量的产品，而不是扩展业务市场从而为其他软件开发市场提供产品和服务。尽管SSG在产品质量、客户服务、价格等方面得到了客户的一致认同，但环境一直处于变化之中。

在高层管理者的指示下，SSG进行了SWOT分析，SSG的优势很明显：优秀的专业人员；有朝气的年轻员工；对现有市场产品和服务的充分认识。高层管理者发现了SSG的一个劣势，就是软件开发技术落后，需要投资新设备、引进新技术，现有A、B两个技术投资方案，寿命期内各年的净现金流量如表6-2所示，由于此时企业资金短缺，只能投资一项技术，这使得A、B成为互斥方案，两种方案都以10年为寿命期。

互斥方案A、B的净现金流量表（单位：万元） 表6-2

方案 \ 年末	0	1~10
A	-780	160
B	-1050	230

【问题】

若$i_c=10\%$，试用差额净现值法做出选择，其中$(P/A, 10\%, 10)=6.145$。

【理论与方法介绍】

1. 寿命期相同的互斥方案选择

对于计算期相等的互斥方案，通常将方案的计算期设定为共同的分析期，这样，在利用资金等值原理进行经济效果评价时，方案间在时间上才具有可比性。在进行计算期相同方案的比选时，若采用价值性指标，则选用价值性指标最大者为相对最优方案，若采用比率性指标，则需要考虑不同方案之间追加投资的经济效果。通常包括净现值法、净现值率法、费用现值法和增量分析法（差额净现值、差额内部收益率、差额投资回收期）。

（1）净现值法

净现值法亦称现值法，是指通过比较不同方案的净现值（NPV）来进行方案比选的一种方法，它只适用于计算期相同的各方案的比选。按此法进行多方案比选的判别原则是：净现值大的方案为较优的方案。

必须注意的是：只有$NPV \geqslant 0$的方案，才能参加方案比选。

此法只要计算出不同方案的净现值，然后比较它们的大小即可。

单个方案的净现值是指将项目整个计算期内各年的净现金流量，按某个给定的折现率，折算到计算期期初（第零期）的现值代数和，计算公式为：

$$NPV = \sum_{t=0}^{n} NCF_t(P/F, i, t) \tag{6-1}$$

式中：i——给定的折现率，通常选取行业基准收益率（i_c）；

n——项目的计算期，等于项目的建设期、投产期与正常生产期年数之和。

常规选择为项目的自然寿命期；

NCF_t——第t年的净现金流。

在项目经济评价中，若$NPV \geqslant 0$，则该项目在经济上可以接受；若$NPV<0$，则该项目在经济上不可以接受。

净现值是反映项目投资盈利能力的一个重要动态评价指标,被广泛应用于项目的经济评价中,它考虑了资金时间价值和项目在整个寿命期内的费用和收益情况,并且直接以金额表示项目投资的收益大小,比较直观。

(2)净现值率法

净现值率($NPVR$)是投资方案的净现值与该方案原始投资现值之和的比,净现值率法是指通过比较不同方案的净现值率($NPVR$)来进行方案比选的一种方法。此法既适用于投资额相同的方案的比选,也适用于投资额不同的方案的比选。应用此法比选的判别原则是:如果是单一方案,则$NPVR>0$方案予以接受;如果是多方案比选,则净现值率最大的方案为最佳方案。

净现值率($NPVR$)是一种动态投资收益指标,用于衡量不同投资方案的获利能力大小,说明某项目单位投资现值所能实现的净现值大小。净现值率的经济含义是单位投资现值所能带来的净现值,是一个考察项目单位投资盈利能力的指标,常作为净现值的辅助评价指标。净现值率是项目净现值与全部投资现值之比,计算公式为:

$$NPVR = \frac{NPV}{I} \quad (6-2)$$

式中:NPV——项目净现值;

I——项目全部投资现值,净现值率克服了NPV对于投资额大的方案的偏差。

(3)费用现值法

对于仅有或仅需计算费用现金流量的互斥方案,只需进行相对效果检验,判别准则是:费用现值最小为相对最优方案。

在实际中,经常会遇到这类问题,例如:在水力发电和火力发电之间、在铁路运输和公路运输之间、在水泥结构的桥梁和金属结构的桥梁之间进行选择。这类问题的特点是,无论选择哪种方案,其效益或效果都是相同的。这时只要考虑,或只能考虑比较方案的费用大小,费用最小的方案就是最好的方案,这就是所谓的最小费用法。如果上述这类问题中的各方案寿命是相等的,那么就可以用各方案费用的现值进行比较。

费用现值法(PC)是指将项目逐年的投资与寿命期内各年的经营费用按基准收益率换算成期初的现值,然后求期初现值之和,计算公式为:

$$PC = \sum_{j=0}^{m} K_j(1+i)^{-j} + \sum_{l=1}^{n} C_l(1+i)^{-l} - K_L(1+i)^{-n} \quad (6-3)$$

式中:PC——总费用现值;

i——基准收益率;

K_j——第j年的投资额;

C_t——第 l 年经营费用；

K_L——期末残值；

n——项目寿命期。

在公式中，令

$$I_0 = \sum_{j=0}^{m} K_j (1+i)^{-j} \tag{6-4}$$

且若 $C_1=C_2=\cdots=C_n=C$，则公式可简化为：

$$PC = I_0 + C(P/A, i, n) + K_L(P/F, i, n) \tag{6-5}$$

（4）差额净现值法

对于互斥方案，利用不同方案的差额现金流量来计算分析的方法，称为差额净现值法。设A、B为投资额不等的互斥方案，A方案比B方案投资大，两方案的差额净现值如下：

$$\begin{aligned}\Delta NPV &= \sum_{t=0}^{n}[(CI_A - CO_A)_t - (CI_B - CO_B)_t](1+i_0)^{-t} \\ &= \sum_{t=0}^{n}(CI_A - CO_A)_t(1+i_0)^{-t} - (CI_B - CO_B)_t(1+i_0)^{-t} \\ &= NPV_A - NPV_B \end{aligned} \tag{6-6}$$

其分析过程是：首先计算两个方案的净现金流量之差，然后分析投资大的方案相对投资小的方案所增加的投资在经济上是否合理，即差额净现值是否大于零。若 $\Delta NPV \geqslant 0$，表明增加的投资在经济上是合理的，投资大的方案优于投资小的方案；反之，则说明投资小的方案是更经济的。

当有多个互斥方案进行比较时，为了选出最优方案，需要各个方案之间进行两两比较。当方案很多时，这种比较就显得很繁琐。在实际分析中，可采取简化方法来减少不必要的比较过程。对于需要比较的多个互斥方案。首先将他们按投资额的大小顺序排列，然后从小到大进行比较，每比较一次就淘汰一个方案，从而可大大减少比较次数。

必须注意的是，差额净现值只能用来检验差额投资的效果，或者说是相对效果。差额净现值大于零只表明增加的投资是合理的，并不表明全部投资是合理的，因此，在采用差额净现值法对方案进行比较时，首先必须保证比选的方案都是可行方案。

（5）差额内部收益率法

所谓差额内部收益率，是指比较两个方案的各年净现金流量差额的现值之和等于零时的折现率，其计算公式为：

$$\sum_{t=0}^{n}(\Delta CI - \Delta CO)_t(1+\Delta IRR)^{-t} = 0 \tag{6-7}$$

式中：ΔCI——互斥方案A、B的差额（增量）现金流入，$\Delta CI = CI_A - CI_B$；

ΔCO——互斥方案A、B的差额（增量）现金流出，$\Delta CO = CO_A - CO_B$；

ΔIRR——互斥方案A、B的差额内部收益率。

用差额内部收益率比选方案的判别准则是：若 $\Delta IRR > i_0$，则投资大的方案为优；若 $\Delta IRR < i_0$，则投资额小的方案为优；i_0 为基准收益率。

（6）差额投资回收期法

差额投资回收期法是指在不计利息的条件下一个方案比另一个方案多支出的投资，用年经营成本的节约额逐年回收所需时间，即

$$P = \frac{\Delta K}{\Delta C} = \frac{K_2 - K_1}{C_1 - C_2} \quad (6-8)$$

式中，P——差额投资回收期；

ΔK——投资差额（$K_2 > K_1$）；

ΔC——年经营成本差额（$C_2 < C_1$）。

在实际工作中，往往是投资大的方案经营成本较低，投资小的经营成本较高。此时，计算差额投资回收期 P，当 P 小于基准投资回收期 P_0，说明增量投资的经济效果是好的，选择投资大的方案；当 P 大于基准投资回收期 P_0，说明增量投资不经济，选择投资小的方案。

当两个方案年产量不同时，即 $Q_2 \neq Q_1$，若 $\frac{K_2}{Q_2} > \frac{K_1}{Q_1}$，$\frac{C_2}{Q_2} < \frac{C_1}{Q_1}$，其差额投资回收期 P_a 为：

$$P_a = \frac{\frac{K_2}{Q_2} - \frac{K_1}{Q_1}}{\frac{C_1}{Q_1} - \frac{C_2}{Q_2}} \quad (6-9)$$

当 $P_a < P_0$，投资大的方案为优；当 $P_a > P_0$，投资小的方案为优。

【解答】

先进行绝对效果指标检验，即单方案本身的可行性，再进行比较，计算并判别如下：

（1）计算各方案的绝对效果并加以检验：

$NPV_A = -780 + 160 \times (P/A, 10\%, 10) = 203.20$ 万元

$NPV_B = -1050 + 230 \times (P/A, 10\%, 10) = 363.35$ 万元

由于 $NPV_A > 0$，$NPV_B > 0$，故两个方案均通过绝对检验，即它们在经济效果上均是可行的。

（2）计算两个方案的相对效果并确定较优方案。采用净现值法时，两个方案的相对效果为：

$NPV_{B-A} = NPV_B - NPV_A = 363.35 - 203.20 = 160.15$ 万元

由于 $NPV_{B-A} > 0$，表明B方案优于A方案。因此，应选择B方案为较优方案。

案例 6.3
宝山钢铁股份有限公司拖轮采购选择

宝山钢铁股份有限公司成立于2000年2月3日，注册资本106亿元，总资产308亿元，前身为创建于1978年的宝山钢铁（集团）公司，公司主要从事钢材和其他钢铁产品的冶炼、加工和销售业务。宝钢股份有限公司是中国最大的钢铁企业之一，以"高质量、高效率、高效益、世界一流钢铁企业"为目标，采用现代化的企业管理模式，坚持集中一贯的设备管理原则，通过技术改造投资，对落后工艺、落后设备进行更新改造，使企业在竞争中立于不败之地。

2000年12月下旬，宝山钢铁股份有限公司设备部固定资产投资管理处收到了来自运输部的一份《关于建议宝钢2号拖轮整船出售更新的专项报告》，设备部立即通知有关部门收集相关资料、形成初步意见，召集他们在2001年1月中旬召开专题评审会议。设备部的固定资产投资管理处和设备采购处、运输部的财会处和成本处都派人参加了会议。运输部张经理陈述道："宝钢2号拖轮从1981年7月投入使用，功率3200马力，已经为企业服役近20年。"然而最近一次大修理测量记录的数据显示，2号拖轮的主动力设备机械磨损严重，主要零部件已经接近或达到更新极限，电气控制设备的电子控制元件老化劣化，船体钢板腐蚀严重。而且，2号拖轮设计落后，配套设备不够先进，各项性能指标与现代先进水平相比差距较大。以上问题的存在给拖轮作业带来了极大的安全隐患，两年来，2号拖轮已经发生了几起故障。因此，从2号拖轮的设备现状、作业的安全性等角度综合考虑，运输部建议将2号拖轮整船出售，再投资更新一台全新的拖轮，现有4种具有同样功能的拖轮，使用寿命均为10年，残值均为0，初始投资和年经营费用见表6-3。

拖轮投资与费用（单位：万元） 表6-3

项目（设备）	A	B	C	D
初始投资	3000	3800	4500	5000
年经营费	1800	1770	1470	1320

【问题】

若$i_c=10\%$,选择哪种拖轮在经济上更为有利,其中(P/A,10%,10)=6.145。

【理论与方法介绍】

1. 寿命期不同的互斥方案选择

就比较和选择的基本原则而言,计算期不等的互斥方案的比选同计算期相等的互斥方案的比选一样,通常都应进行各方案绝对效果检验与方案间的相对效果检验(仅有费用现金流的互斥方案只进行相对效果检验)。由于方案的计算期不等,其比较基础不同,无法直接进行比较。因此,寿命不等的互斥方案的经济效果比选,关键在于使其比较的基础一致。通常采用计算期统一法或年值法进行方案的比较。

(1)计算期统一法

计算期统一法就是对计算期不等的比选方案选定一个共同的计算分析期,在此基础上,再用前述指标对方案进行比选。计算期的设定应根据决策的需要和方案的技术经济特征来决定。通常有以下几种处理方法:

1)计算期最小公倍数法

此法取各方案计算期的最小公倍数作为共同的计算分析期,备选方案在共同的计算分析期内可能按原方案重复实施若干次。例如,有两个比较方案,A方案计算期为10年,B方案计算期为15年,这样,计算期取两个方案计算期的最小公倍数30年。在此期间,A方案重复两次,而B方案只重复一次。

2)最短计算期法

也称研究期法,是选择各方案中最短的计算期作为各方案的共同计算期。各方案均按年值法进行折现。

(2)净年值法

在对计算期不等的互斥方案进行比选时,净年值法是最为简便的方法,当参加比选的方案数目众多时,尤其如此。

设m个互斥方案的计算期分别是n_1,n_2,…,n_m,方案j($j=1,2,3,…,m$)在其计算期内的净年值的计算公式为:

$$NAV_j = \left[\sum_{t=0}^{n_j}(CI_j - CO_j)(P/F,i_c,t)\right](A/P,i_c,n_j) \quad (6-10)$$

净年值法的判别准则是:净年值大于或等于零且净年值最大的方案为相对最优方案。

用净年值法进行计算期不等的互斥方案比选,实际上隐含着这样一种假定:各备选方案在其寿命期结束后均可按原方案重复实施或以与原方案经济效益水平相等的方案持续。因为一个方案无论重复实施多少次，其净年值是不变的，所以净年值法以"年"为时间单位比较各方案的经济效果，从而使计算期不等的互斥方案具有可比性。

（3）费用年值法

费用年值法（AC）也称年费用法，是指求出各项目的投资额、年经营费用和残值的等价同额年费用之和，选和值最小的项目为最优项目的方法。若两种方案效益相同或基本相同，但又难以计算，如在生产过程中某一环节采用两种以上的不同设备都可以满足生产需要，对这几种设备的选优就属于这种情况，这时可采用费用年值法进行方案比较。计算公式为：

$$AC = \sum_{t=0}^{n}[(I + C' - S_v - W)_t(P/F,i,t)](A/P,i,n) \qquad (6-11)$$

式中：AC——年费用；

　　　I——投资额；

　　　C'——年经营成本；

　　　S_v——期末回收固定资产余值；

　　　W——期末回收的流动资金。

需要指出的是：计算期最小公倍数法的计算最为简单，但要求重复性假设并事先确定精确的基准收益率；最短计算期法可避免重复性假设；差额投资内部收益率法计算最复杂，但无须事先确定一个精确的折现率。故正确掌握这些方法，不仅要了解他们如何计算，而且要搞清各自适用的范围。

应当强调指出，选用以上所述各法时要特别注意各种方法所作的假设。如最小公倍数法尽管计算简便，但它不适用于技术更新很快的产品和设备方案的比较，因为在还没有达到公共的计算期之前，某些方案存在的合理性已经成了问题。同样，最小公倍数法也不适合用来处理更新改造项目。如果人们对项目提供的产品或服务有比较明确的期限时，把它作为计算期来进行方案比选比较符合实际。

【解答】

由于4种拖轮功能相同，故可以比较费用大小，选择相对较优方案；又因各方案寿命相等，保证了时间可比性，故可以利用费用现值（PC）选优。

$PC_A(10\%) = 3000 + 1800 \times (P/A,10\%,10) = 14061$万元

$PC_B(10\%) = 3800 + 1770 \times (P/A,10\%,10) = 14677$万元

$PC_C(10\%) = 4500 + 1470 \times (P/A,10\%,10) = 13533$万元

$PC_D(10\%) = 5000 + 1320 \times (P/A,10\%,10) = 13111$万元

其中拖轮D的费用现值最小，故选择拖轮D较为有利。

案例 6.4
威廉姆斯机床公司投资方案比选

75年来，威廉姆斯机床公司一直为用户提供高质量的产品。到1990年，它已经成为美国第三大基础机床公司，有着很高的利润和极低的人员变动率，工资和效益也都是非常好的。

20世纪80~90年代，威廉姆斯公司的利润猛增到一个新的历史水平。威廉姆斯公司的成功源于一条标准制造机床生产线。公司花费了大量时间和精力来改进赖以维持生计的生产线而不是致力于开发新产品。这条生产线如此成功，以至于其他公司愿意为这些机床改变自己的生产线，而不是要求威廉姆斯公司对其机床做出重大改动。

20世纪80年代以前，这一巨大成功使得威廉姆斯公司沾沾自喜，认为这种由一条生产线带来成功的状况可以持续20~25年或更长时间，然而时代和科技的快速发展迫使其管理者不得不重新决策，原有型号的机床已不能满足市场，越来越多的消费者也要求标准机床做重大改动或进行全新的生产设计。

管理者决定在总部率先尝试改造，现有两个方案：方案A为摒弃原有的生产线，引进新生产线，需要投资1500万元，年经营成本400万元，年产量1000件。方案B为将原有的生产线进行技术改进，需要投资1000万元，年经营成本360万元，年产量800件。

【问题】

由于两个方案的投资额和年经营成本不同，管理层决定用差额投资回收期的方法进行方案的优选，假设基准投资回收期P_0为6年，试问哪个方案较优？

【解答】

由于产量不同，因此需要先计算各方案单位产量费用：

A方案单位产量投资额＝1500/1000＝1.5万元/件

B方案单位产量投资额＝1000/800＝1.25万元/件

A方案单位产量年经营成本＝400/1000＝0.40万元/件

B方案单位产量年经营成本＝360/800＝0.45万元/件

计算差额投资回收 P_a

$P_a = (1.5-1.25) / (0.45-0.4) = 5$ 年

因为 $P_a < P_0$，所以投资额大的方案A：引进新生产线最优。

案例 6.5
永泰集团投资方案选择

永泰集团有限公司成立于1996年，是一家以生产轮胎、铝镁合金车轮、车身板件、结构组件等产品为主，集热电、新能源、科研工贸于一体的国际化企业集团，是目前中国唯一一家世界汽车拉力锦标赛轮胎供应商，并获得2014年度世界汽车拉力锦标赛（WRC2）总冠军，成为自1974年世界汽车拉力锦标赛开赛以来，继米其林、倍耐力之后第三个赢得世界汽车拉力锦标赛冠军头衔的轮胎生产厂家。在轮胎产业方面，永泰集团坚持做好做精做完美，着重先进技术的引进和高端设备的投入，研发和生产高、精、尖的产品，走产品差异化的道路。生产技术含量高、附加值高的高性能绿色环保轮胎和赛车专用轮胎，加快自主品牌的培育和建设，拥有完善的国内外市场终端销售网络。永泰集团在许多城市都有分厂，现有三个分厂的技术改造方案，分别是东营市工厂技术改造方案A，青州市工厂技术改造方案B，常州市工厂技术改造方案C，三个独立投资方案的期初投资和年收益见表6-4，基准收益率为12%，各方案的净现值也列于该表中。

独立方案A、B、C的投资、年净收益和净现值（单位：万元）　　表6-4

方案	投资	年净收益	寿命（年）	净现值
A	-100	25	8	24.19
B	-200	46	8	28.51
C	-150	38	8	38.77

【问题】

经管理层核实，现永泰集团可用于投资的金额为300万元，应怎样选取方案？

【理论与方法介绍】

1. 独立方案的选择

（1）完全不相关的独立方案

独立方案的采用与否，只取决于方案自身的经济性，即只需检验他们是否能够通过净现值、净年值或内部收益等绝对效益评价指标。因此，多个独立方案与单一方案的评价方法是相同的。

（2）有资源约束的独立方案的选择

这里讨论的独立方案之间虽然不存在相互排斥或相互补充的关系，但由于资源方面的约束，不可能满足所有方案投资的要求，或者由于投资项目的不可分性，这些约束条件意味着接受某几个方案必须要放弃另一些方案，使之成为相关的互相排斥的方案。

1）独立方案互斥化法

尽管独立方案之间互不相关，但在有约束条件下，它们会成为相关方案。独立方案互斥化的基本思想是把各个独立方案进行组合，其中每一个组合方案就代表一个相互排斥的方案，这样就可以利用互斥方案的评选方法，选择最佳的方案组合。独立方案互斥化法的基本步骤如下：

①列出全部相互排斥的组合方案。如果有 m 个独立方案，那么组合方案数 $N=2^m-1$（不投资除外）。这 N 个组合方案相互排斥。

②在所有组合方案中，除去不满足约束条件的组合，如超出投资额。其他组合方案按照投资额从小到大排列。

③采用净现值、差额内部收益率法选择最佳方案组合。

当方案个数增加时，其组合数将成倍增加。所以这种方法比较适用于方案数比较少的情况。

2）效率指标排序法

效率指标排序法是通过选取能反映投资效率的指标，用这些指标把投资方案按投资效率的高低顺序排列，在资金约束下选择最佳方案组合，使有限资金能获得最大效益。常用的排序指标有内部收益率与净现值指数。

①内部收益率排序法。这是将方案按内部收益率的高低依次排序，并依此次序选取方案。这一方法的目标是达到投资效益最大。

②净现值率排序法。这就是将各方案的净现值率按大小排序，并依此次序选取方案。这一方法的目标是达到一定总投资的净现值最大。

值得注意的是，用内部收益率或净现值率排序来评选独立方案，并不一定能保证获得最佳组合方案。只有当各方案投资占总投资比例很小或者入选方案正好分配完总投资时才能保证获得最佳组合方案，因为，没有分配的投资无法产生效益。

【解答】

首先建立所有互斥的方案组合。本例中共有3个方案，则有$2^3-1=7$个互斥的方案组合，各组合的投资、年净收益及净现值见表6-5。

组合方案投资、年净收益及净现值（万元） 表6-5

组合号	方案组合	投资总额	年净收益	净现值
1	A	-100	25	24.19
2	B	-200	46	28.51
3	C	-150	38	38.77
4	A、B	-300	71	52.70
5	A、C	-250	63	62.96
6	B、C	-350	84	67.28
7	A、B、C	-450	109	91.47

根据表6-5，方案组合6、7的投资总额超出限额，所以不予考虑。对满足资金限额条件的前5个方案组合，由于第5个方案组合（A、C）的净现值最大，故A、C为相对最优方案组合。

案例 *6.6*
CCI通信公司投资组合选择

科罗纳多通信公司（CCI）是一家中等规模的咨询公司。公司总部设在纽约，在美国超过25个大型城市设有分部。CCI主要给各类希望改善通信系统的公司提供咨询服务，包括计算机硬件系统和联网系统。这25个分部都在各自的区域内单独提供服务。每当CCI收到一份邀标建议书，公司就会决定哪一个分部参与投标。

2014年，CCI收到一份来自位于佛罗里达中部，被誉为世界上最好的休闲旅游城市之一的城市奥兰多的邀请建议书，客户提出如果CCI竞标成功未来可保持长期合作关系，可是CCI在奥兰多并没有设立分部，所以企业决定在奥兰多成立一个或几个小型营业部。

企业委派专业评估人员进行实地考察，发现奥兰多有7个地点比较适合设立营业部，这7个地点皆是科技类企业聚集的中心地区，CCI市场部将这7个地点作为7个互相独立的投资方案，并决定从中选择投资组合，每个投资方案寿命期均为8年，投资额以及年净收益见表6-6，由于考虑到各方案投资额不同，企业决定采用净现值率法进行评选，基准折现率为10%。

各投资方案有关数据表（万元） 表6-6

方案	投资额	年净收益
A	80	24.7
B	115	25.6
C	65	15.5
D	90	30.8
E	100	26
F	70	12.2
G	40	8

【问题】

若资金总额为380万，$(P/A, 10\%, 8) = 5.335$，请用净现值率法进行投资组合选择。

【理论与方法介绍】

混合型方案的选择

当方案组合中既包含互斥方案，也包含独立方案时，就构成了混合方案。独立方案或互斥方案的选择，属于单项决策。但在实际情况下，需要考虑各个决策之间的相互关系。混合型方案的特点，就是在分别决策基础上，研究系统内诸方案的相互关系，从中选择最优的方案组合。混合型方案选择的程序如下：

（1）按组际间的方案互相独立、组内方案互相排斥的原则，形成所有各种可能方案组合。

（2）以互斥型方案比选的原则筛选组内方案。

（3）在总的投资限制下，以独立型方案比选原则选择最优的方案组合。

【解答】

方案A的净现值＝-80+24.7×(P/A,10%,8)＝51.77万元

净现值率＝51.77/80＝0.65

方案B的净现值＝-115+25.6×(P/A,10%,8)＝21.58万元

净现值率＝21.58/115＝0.19

方案C的净现值＝-65+15.5×(P/A,10%,8)＝17.69万元

净现值率＝17.69/65＝0.27

方案D的净现值＝-90+30.8×(P/A,10%,8)＝74.32万元

净现值率＝74.32/90＝0.83

方案E的净现值＝-100+26×(P/A,10%,8)＝38.71万元

净现值率＝38.71/100＝0.39

方案F的净现值＝-70+12.2×(P/A,10%,8)＝-4.91万元

净现值率＝-4.91/70＝-0.07

方案G的净现值＝-40+8×(P/A,10%,8)＝2.68万元

净现值率＝2.68/40＝0.07

各方案的净现值、净现值率及排序结果如表6-7所示。

各方案有关指标计算表　　　　　表6-7

方案	净现值（万元）	净现值率	排序
A	51.77	0.65	2
B	21.58	0.19	5
C	17.69	0.27	4
D	74.32	0.83	1
E	38.71	0.39	3
F	-4.91	-0.07	7
G	2.68	0.07	6

由上表可知，方案的优先顺序为D-A-E-C-B-G，方案F净现值率小于零，应淘汰。当资金总额为380万元，最优组合方案为D、A、E、C、G。

案例 6.7
Luxor科技公司最优生产方案选择

1992~1996年,Luxor科技公司在无线电通信领域的业务翻了4倍。Luxor科技公司的成功在于其技术团队的强大。目前,技术团队的薪水很高,并且被赋予自由创新的权利。虽然Luxor科技公司的收入来自制造,但它仍被《华尔街日报》称为"技术驱动力的公司"。

Luxor科技公司的大部分产品都是依靠低成本、高质量,工程应用和进程的改进是Luxor科技公司最主要的优势。Luxor科技公司拥有技术突破、工程应用甚至进程改进方面的专利,即使某公司不是它的主要竞争者,它也拒绝把这些技术授权给其他公司。

作为技术市场的领军者,Luxor科技公司在技术上确实有些优势,所以它认为没有必要在市场风险上征求专家的意见。然而,到了2006年秋季,Luxor科技公司的运气开始消失,竞争者取得主要技术上的突破并迅速跟上来,Luxor科技公司的产品销量走了下坡路,此时Luxor科技公司正准备研制A、B、C三种产品,管理层决定雇用风险分析和管理专家对三种产品的市场销售情况进行预测,各个产品的净现值及其概率情况如表6-8所示。

各个产品的净现值及其概率情况   表6-8

市场销路	概率	方案净现值(万元)		
		A	B	C
销路差	0.25	2000	0	1000
销路一般	0.50	2500	2500	2800
销路好	0.25	3000	5000	3700

【问题】

假定Luxor科技公司在三种产品中只选择一种产品生产,请帮助公司选择最优生产方案。

【理论与方法介绍】

1. 概率分析法

概率分析方法包括期望值、方差法和蒙特卡洛等方法。投资方案的随机现金流受多种已知或未知的不确定性因素的影响，可以看成是多个独立的随机变量之和，与各个周期现金流有关的经济评价指标也必然是一个随机变量。随机变量的主要参数是期望值与方差。期望值与方差法是运用概率论的原理，在对投资方案经济效果指标进行概率估计的基础上，通过计算其经济效果指标的期望值或标准差来反映方案的风险程度。

（1）投资经济效果指标的期望值

设为某经济评价指标的第i个值（$i=1, 2, \cdots, n$），P_i为某经济评价指标的第i个值出现的概率，$E(x)$为某经济评价指标的期望值。投资方案经济效果指标的期望值计算公式为：

$$E(x) = \sum_{i=1}^{n} x_i P_i \qquad (6\text{-}12)$$

期望值是随机变量所有可能取值的加权平均值，是在考虑了随机变量发生概率后可能出现的值。

（2）投资经济效果指标的标准差与离散系数

标准差的计算公式为：

$$\sigma(x) = \sqrt{\sum_{i=1}^{n} P_i [x_i - E(x)]^2} \qquad (6\text{-}13)$$

标准差反映了随机变量的实际值与其期望值的偏差程度，在一定意义上反映了投资方案风险大小。

进行多方案比较时，在期望值相同的情况下，标准差小的方案投资风险小。但不同方案比较时常常是期望值不同、标准差也不同，这时要比较方案的风险可用离散系数q，它是标准差与期望值之比，即离散系数为：

$$q = \frac{\sigma(x)}{E(x)} \qquad (6\text{-}14)$$

离散系数反映了单位期望值所具有的标准差，值越小，方案风险越小。

【解答】

（1）计算各产品净现值的期望值和标准差。

1）$E(NPV_A) = 2000 \times 0.25 + 2500 \times 0.5 + 3000 \times 0.25 = 2500$（万元）

$E(NPV_A^2) = 2000^2 \times 0.25 + 2005^2 \times 0.5 + 3000^2 \times 0.25 = 6375000$万元

$\sigma(NPV_A) = \sqrt[2]{6375000 - 2500^2} = 353.55$万元

2）$E(NPV_B) = 0 \times 0.25 + 2500 \times 0.5 + 5000 \times 0.25 = 2500$ 万元

$E(NPV_B^2) = 0^2 \times 0.25 + 2500^2 \times 0.5 + 5000^2 \times 0.25 = 9375000$ 万元

$\sigma(NPV_B) = \sqrt[2]{9375000 - 2500^2} = 1767.77$ 万元

3）$E(NPV_C) = 1000 \times 0.25 + 2800 \times 0.5 + 3700 \times 0.25 = 2575$ 万元

$E(NPV_C^2) = 1000^2 \times 0.25 + 2800^2 \times 0.5 + 3700^2 \times 0.25 = 7592500$ 万元

$\sigma(NPV_C) = \sqrt[2]{7592500 - 2575^2} = 980.75$ 万元

（2）根据产品净现值的期望值和标准差评价产品。

因为产品A与产品B的净现值的期望值相等，均为2500万元，故需要通过比较它们的标准差来决定产品的取舍。

从上面第一步计算得出：产品A的标准差最小，所以产品A的风险较小，其经济效益优于产品B。

至于产品C跟产品A进行比选，由于它们的净现值期望不相等，产品C的净现值期望优于产品A。但是，产品A的净现值标准差优于产品C，究竟哪个产品较为经济合理不是那么明显，故必须通过计算它们各自的离散系数才能进一步确定两个产品风险的大小和优劣。

（3）计算离散系数，决策生产产品。

$C_A = 353.55/2500 = 0.141$

$C_C = 980.75/2575 = 0.381$

因为 $C_A < C_C$，所以产品A的风险小于产品C的风险，因此，应该最终选择产品A为最优生产方案。